DUMONT
DIREKT

Krakau

Dieter Schulze

Inhalt

Das Beste zu Beginn

Kaffeehauskultur

Von den Habsburgern übernahmen die Krakauer die Lust am Kaffeetrinken: Von Noworolska, einem Café im Wiener Stil, bis Pożegnanie z Afryką (»Jenseits von Afrika«) gibt es in Krakau eine Fülle origineller Cafés. Und steigen Sie über den Galerieeingang in den Tuchhallen zur Terrasse des Cafés Szał hinauf – genießen Sie dort das Panorama!

Kreatives Potenzial

Modefotos aus den 1950er-Jahren und schräge Graffiti, Hochglanz und abblätternder Putz – Krakau ist voll inspirierender Kontraste. Kein Wunder, dass die Kunstszene blüht! Jeden Tag gibt es Vernissagen, Konzerte und Happenings – die Kulturinfo (▸ S. 109) kennt die Details.

Jazz in Kellerkneipen

In den Kellerlabyrinthen unter den Häusern der Altstadt wird geswingt, Freestyler und Traditionalisten halten sich die Waage. Nicht selten ist auch sanft gehauchter oder herausgestöhnter Blues zu vernehmen. Machen Sie es sich gemütlich auf samtigen Sofas oder nackten, blank polierten Bänken.

Spiel mir das Lied vom Tod

Spazieren Sie über mehr als 200 Stufen ins Gemach des Trompeters hinauf, der zu jeder vollen Stunde den »Hejnał« bläst. Abrupt bricht die Melodie ab – und erinnert so daran, dass den Turmbläser, der im Jahr 1241 seine Landsleute vor den heranstürmenden Tataren warnen wollte, ein Pfeil des Feindes durchbohrte.

Abstieg in die Unterwelt

Haben Sie schon mal eine Kirche aus Salz gesehen, möchten Sie durch schummrige Stollen spazieren? Dann fahren Sie zum Salzbergwerk in Wieliczka. Aber ziehen Sie sich warm an: Selbst im Hochsommer liegen die Temperaturen im unterirdischen Tunnelsystem bei 14 °C.

Bootsfahrt auf der Weichsel

Schippern Sie mit einer Barkasse der Wasserstraßenbahn über die Weichsel. Die Anlegestelle befindet sich unterhalb des Wawel: Westwärts geht's zum Benediktinerkloster Tyniec, ostwärts zur Galeria Kazimierz.

Das alltägliche Krakau

In den glitzernden Shopping Malls tobt das Leben, doch vielleicht ist Ihnen der Markt von Kleparz sympathischer? Sie finden ihn unmittelbar vor den Toren der Altstadt, nördlich der Barbakane. Hier bekommen Sie knackig frische Ware, Pilze und aromatische Wilderdbeeren, Krakauer im Naturdarm, Dillgurken, Kräuter und noch vieles mehr …

Kazimierz selbst entdecken

Lassen Sie sich durch die Gassen des ehemals jüdischen Viertels treiben, entdecken Sie Kulturzentren, Cafés und Galerien rund um die Szeroka und den plac Nowy. Von den jüdischen Gotteshäusern sind die Alte Synagoge und die Tempel-Synagoge am sehenswertesten. Für den Abend empfehle ich ein Konzert mit Klezmer und galizischer Musik – und die Kultbar Alchemia: ›Hölle‹ und ›Fegefeuer‹ heißen die Hauptsäle.

Auf dem Weg nach Osten blieb ich in Krakau hängen und war fasziniert von der Stadt des schönen Scheins, den Kellerbars, dem Mix von Klezmer und Kirchenglocken. Meinen Kaffee trinke ich am liebsten im Massolit. Vielleicht schauen Sie mal vorbei?

Fragen? Erfahrungen? Ideen?

Ich freue mich auf Post.

Mein Postfach bei DuMont:
schulze@dumontreise.de

Das ist Krakau

Krakau – Polens Schöne

Wollen Sie eine quirlige Stadt mit nostalgischem Charme erleben? Dann werfen Sie alle Vorurteile, die Sie über Polen haben, über Bord und reisen Sie nach Krakau. Erleben Sie eine alte Königsstadt, die in ihrer 1000-jährigen Geschichte viel erlebt hat und um ihren Wert weiß – eine *Grande Dame*, die es nicht nötig hat, sich ins Rampenlicht zu stellen. Das überlässt sie lieber ihren habsburgischen Schwestern Prag und Budapest, die lange vor ihr zu Touristenmagneten aufgestiegen sind. Krakau ist eine Stadt, die sich dem Zeitgeist nur widerwillig andient, die Uhren gehen hier langsamer als anderswo. Von Reformeifer mag man nichts wissen – eine solche Eigenschaft überlässt man lieber dem ungeliebten, bestenfalls geachteten Warschau, das Krakau vor gut 400 Jahren als Hauptstadt ablöste. Bis heute stehen die beiden Städte symbolhaft für grundverschiedene Lebenshaltungen: das Machbare und das Träumerische, das Realitätsprinzip und die Utopie. »Wir haben die Kultur und Ihr das Geld«, sagt man in Krakau, »Ihr jagt nach irdischen Nichtigkeiten, wir behalten den Überblick und achten, was die Vergangenheit lehrt.«

Über tausend Jahre ist die Stadt alt, fast jede Epoche hat ihr etwas vererbt. Neben gotischen Bürgerhäusern sieht man elegante Renaissancepaläste, sinnenfroher Barock leitet über zu verspielter Art nouveau. Mittendrin der Rynek, der zentrale Platz, auf dem südländische Ausgelassenheit herrscht. Im Umkreis von nur 500 Metern, erreichbar über sternförmig auf den Rynek zulaufende Gassen, befinden sich das Wawel-Schloss sowie die Mehrzahl aller Kirchen, Klöster und Paläste. Die meisten Patrizierhäuser stammen aus dem 15. und 16. Jh., als das ›polnische Rom‹, wie die Stadt genannt wurde, über das flächenmäßig größte europäische Reich herrschte: von der Ostsee bis zum Schwarzen Meer. Kein Wunder, dass die UNESCO das im Krieg unzerstörte Krakau 1978 zum Weltkulturerbe erklärte. Die Juroren erkannten das großartige Potenzial, das in dieser Stadt steckte und sich damals noch unter einem von den Stahlwerken ausgespuckten grauen Schleier verbarg.

Krakau – Stadt der Jugend

Krakaus Schönheit ist nicht bloß museal. Viele Jugendliche beleben die Gassen der Altstadt und des jüdischen Viertels, etwa jeder vierte Krakauer studiert an der im 14. Jh. gegründeten Alma Mater. Erstaunlich viele junge Leute beschäftigen sich mit Literatur, Kunst und Philosophie, mittelalterlicher Geschichte und anderen ›brotlosen‹ Fächern. Sie scheren sich wenig darum, was in der vom Kapital diktierten Berufswelt verlangt und gebraucht wird. Dabei haben sie die Grundregel der neuen Ordnung sehr wohl begriffen: »Tut der junge Mensch, was er liebt, nicht, was ihm nützt, wird er von dem, was ist, nicht unterstützt.« Sei's drum, denken sie sich, in Polen haben wir eh keine Zukunft, mit unseren Fähigkeiten werden wir auch anderswo Geld verdienen können. Stolz verweisen sie darauf, dass aus Krakau gleich zwei Nobelpreisträger stammen: Czesław Miłosz und

Steht auf der UNESCO-Welterbe-Liste ganz oben: Die Altstadt von Krakau gehörte schon zu den ersten zwölf Einträgen.

Wisława Szymborska. 2013 wurde Krakau zur City of Literature erklärt, zuvor war es schon Europäische Kulturhauptstadt.

Krakau – Underground

Im Zentrum der Altstadt herrscht ein spannendes Treiben bis in die Nachtstunden hinein. Als ob es auf dem Rynek nicht schon genug zu entdecken gäbe, erstreckt sich unter ihm ein Labyrinth mehrgeschossiger Stollen; auf abgewetzten Steintreppen steigt man zwei bis drei Stockwerke hinab. Die alten gotischen Backsteingewölbe sind heute die Heimat für Krakaus ›Kellerkinder‹, Jazz- und Musikkneipen sind quer über die Altstadt verstreut. Leicht verliert man hier das Gefühl für die Zeit und möchte gar nicht mehr zurück in die helle Wirklichkeit, aus der man kam.

Einst befanden sich diese Gewölbe auf Straßenhöhe. Doch im späten 13. Jh. beschloss man, Krakau auf höherem Niveau anzusiedeln, denn die Weichsel trat hin und wieder gefährlich weit über die Ufer. So entstand über den ›Schlammetagen‹ eine komplett neue Stadt, die vor den Fluten besser geschützt war. Als dann im 19. Jh. der Wohnraum knapp wurde, entsann man sich der verschütteten Keller und grub sie wieder aus. Mächtige, von endlosen Gängen durchbrochene Backsteingewölbe traten zutage. Fortan nutzte man die Räume als Warenlager, unter habsburgischer und deutscher Besatzung auch als Versteck oder konspirativen Treff. Über die Keller erschlossen sich Fluchtwege, die der Feind nicht kannte: Wer am Rynek abtauchte, konnte unerkannt aus der Altstadt entkommen. Noch heute kokettieren die Krakauer mit dem subversiven Odem der Unterwelt. Kein Sonnenstrahl dringt in die Gemächer, in denen so leicht das Gefühl für die Realität verloren geht.

Krakau in Zahlen

½
Krakau liegt auf halber Strecke zwischen Wien und Warschau.

2
Literaturnobelpreisträger kommen aus Krakau.

4
Złoty entsprechen in etwa einem Euro.

7
Synagogen wurden in Kazimierz restauriert.

12
Tonnen schwer ist die Glocke des Sigismund-Turms, man hört ihren Klang noch in 25 km Entfernung.

13
Theater und ein Opernhaus hat die Stadt.

28
Museen gibt es – und jedes Jahr werden es mehr.

35
Könige wurden in der Wawel-Kathedrale gekrönt.

87

% der Bevölkerung bezeichnen sich als gläubige Katholiken, doch nur 40 % gehen sonntags zur Messe.

120

Kirchen und Klöster gibt es in Krakau, und dies auf engstem Raum.

200

Kellerkneipen stehen zur Auswahl.

200

Meter im Quadrat misst der Rynek und ist damit einer der größten mittelalterlichen Plätze Europas.

327

km² beträgt die Stadtfläche, Krakau ist nicht einmal halb so groß wie Berlin.

68 482

Juden waren 1939 in Krakau registriert – heute sind es 130.

765 320

Einwohner zählt Krakau, davon 210 000 Studenten.

239
Stufen führen hinauf zum Turm der Marienkirche.

Was ist wo?

Willkommen in Krakau, einer der ältesten und lebendigsten Städte Osteuropas! Die meisten Besucher kommen am Flughafen Balice an. Er liegt 17 km westlich der Stadt und ist bestens an ihr Zentrum angebunden. In der Altstadt findet man sich leicht zurecht: Sie hat die Form einer Birne, die nach Süden, zur Weichsel hin, schmaler wird; vom zentralen Platz in der Mitte führen schachbrettartig angelegte Gassen zu den Planty hinaus – einem romantischen Grüngürtel, der die Altstadt umschließt und von einer Ringstraße flankiert wird.

Krakau ist mit über 765 000 Einwohnern die zweitgrößte Stadt Polens. Wer sie besucht, ist nur selten an den im 20. Jh. entstandenen oder eingemeindeten Vororten interessiert, er beschränkt sich meist auf Krakaus historisches Zentrum. Zu diesem gehören vor allem die Krakauer **Altstadt** mit dem 1000-jährigen **Wawel** und das südlich angrenzende **Kazimierz**, das der König 1335 als selbstständige Stadt gründete und das später als ›jüdisches Kazimierz‹ weit über die Grenzen Krakaus Einfluss gewann. Die Altstadt und Kazimierz – beides Welterbe der UNESCO und eine außergewöhnliche Kombination: Hier findet sich der Stoff für Legenden und Drehbücher. Und wer einmal in der Stadt ist, der will so bald nicht wieder hinaus.

Altstadt

Die Altstadt, das mittelalterliche Zentrum, ist Krakaus Visitenkarte: Nie wurde es in Kriegen zerstört, über 100 Kirchen, Schlösser und Paläste bekunden seine einstige Macht. Im Herzen der Stadt liegt der weitläufige Marktplatz mit den Tuchhallen und der Marienkirche. Im Polnischen heißt er **Rynek** (🗺 D/E 4/5), eigentlich Rynek Głowny, in Abgrenzung zum angrenzenden **Mały Rynek** (🗺 E 5), dem kleinen Rynek. In Nord-Süd-Richtung wird die Altstadt vom Königsweg durchschnitten, auf dem die Monarchen Einzug hielten. Er zieht sich

über eine Länge von 2 km und führt vom **plac Matejki** (🗺 E 3) über den **Rynek** zum **Wawel** (🗺 C/D 7). Doppelt so lang ist der Weg durch den grünen Parkgürtel der **Planty** (🗺 C–E 3–7 und F 4–5), der die Altstadt schützend umspannt. In der verkehrsberuhigten Krakauer Altstadt bewegt man sich am besten zu Fuß, Infotafeln sind in mehreren Sprachen verfasst. Bei der Touristeninfo werden Führungen vermittelt: zu Fuß oder per Rad, kostenlos mit Studenten ab Marienkirche. An der Nordwestecke des Rynek startet die Tour mit der Pferdekutsche, preiswerter ist die Fahrt mit Elektroautos (www.abcitytour.pl) ab ul. Mikołajska.

Kazimierz

Das südöstlich des Wawel gelegene Stadtviertel wird vom Weichselbogen umschlossen und ist von der Altstadt in ca. 15 Minuten zu Fuß zu erreichen. Bis zum Zweiten Weltkrieg war es eines der größten jüdischen Zentren Europas – mit mehr als einem Dutzend Synagogen, Talmudschulen und Mikwebädern. Deutsche Besatzungstruppen haben seine Bürger in den Jahren 1939 bis 1944 zwangsumgesiedelt, misshandelt und ermordet. Zwar sind die alten Gotteshäuser in Kazimierz heute restauriert, doch es leben hier nur wenige Juden. Seit einigen Jahren wird zaghaft an frühere Traditionen angeknüpft: In der **Szeroka** (🗺 F 7/8) erklingt wie einst jüdische Musik, Ende

Juni feiert man ein jüdisches Festival. Um den **plac Nowy** (📖 F 8), das frühere Handelszentrum von Kazimierz, entstand ein lebendiges Szeneviertel, in dem Künstler und Studenten leben.

Podgórze

Auch die Geschichte dieses südlich der Weichsel gelegenen Viertels ist mit dem Holocaust verknüpft. Im März 1941 wurde hier das mit Stacheldraht von der übrigen Welt abgetrennte Krakauer Ghetto errichtet. Über seine Geschichte informieren eine Gedenkstätte am heutigen **Platz der Ghettohelden** (📖 G/H 9) und vor allem das Museum in der durch den Steven-Spielberg-Film bekannt gewordenen **Schindler-Fabrik** (📖 H 9).

Kleparz

Wie Kazimierz war Kleparz ursprünglich eine selbstständige Stadt. Sie wurde im 14. Jh. nördlich der Krakauer Altstadt gegründet und 1791 eingemeindet. Ihr repräsentativer Mittelpunkt ist der **Matejko-Platz** (📖 E 3) mit Grunwald-Denkmal und Florianskirche, doch ›gelebt‹ wird rund um den **Rynek Kleparski** (📖

E 3). Vormittags findet dort der traditionelle Obst- und Gemüsemarkt statt.

Zwierzyniec

Der Name des westlich gelegenen **Zwierzyniec** (dt. Menagerie, 📖 A 5–7) erinnert daran, dass es hier einst wildreiche Wälder gab. Bis heute hat sich das Viertel seinen ländlichen Charakter bewahrt. Die **Błonia-Wiesen** (📖 A 5), auf denen im Sommer gern gepicknickt wird, sind so groß, dass dort auch die Auftritte des polnischen und des deutschen Papstes stattfanden. Noch weiter westlich liegt der Stadtwald **Las Wolski** (📖 westl. A 6) mit dem **Zoologischen Garten.**

Nowa Huta

Nowa Huta (📖 östl. H 4) ist der Gegenpol zur Altstadt. Hier entstand nach 1945 eine Stadt auf dem Reißbrett: ein utopischer Architekturentwurf, dessen Infrastruktur bis heute besteht und um dessen Grünzonen viele Krakauer die hier Lebenden beneiden. Ins Herz der sozialistischen Musterstadt wurde 1977 gegen den Widerstand der Regierenden eine Kirche gepflanzt.

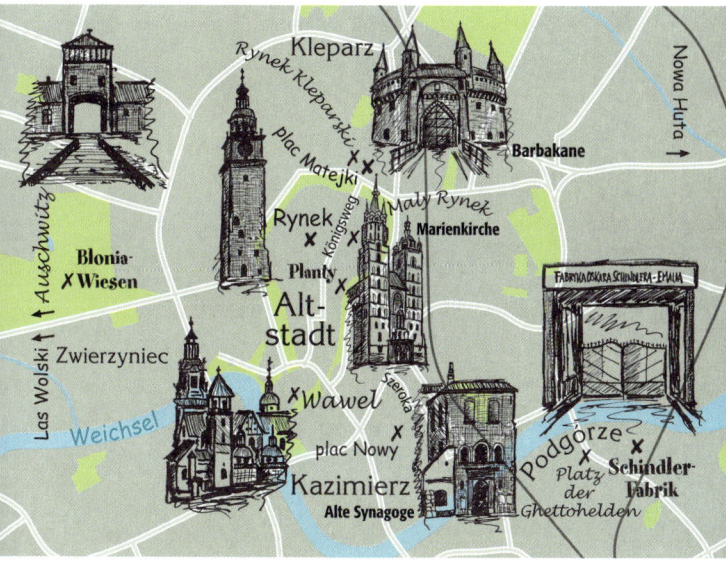

Augenblicke

Das Herz der Stadt

Die Erkundung Krakaus beginnt fast immer am Rynek, dem größten und schönsten Platz der Stadt. Quer über die gewaltige Fläche schaut man zu den goldgekrönten Türmen der Marienkirche, von denen zu jeder vollen Stunde – rund um die Uhr und das ganze Jahr hindurch – der Hejnał ertönt, eine faszinierende Melodie, die nach wenigen Takten abbricht. Ein Fest fürs Auge sind die strahlenden Paläste ringsum, die mit ihren Attiken einen Hauch Exzentrik ausstrahlen. Dies alles und noch viel mehr entdeckt man in der ›Stadt der sprechenden Steine‹.

Luci di Nara

Ist es das Haupt einer geheimnisvollen Göttin? Oder das Fragment einer Tempelskulptur? Mit seinen antiken Zügen wirkt der riesige, im Hof des Collegium Iuridicum versteckte Kopf fast perfekt. Doch die ins Leere starrenden Augen und die eingerissene Stirn strafen die Vollkommenheit Lügen – was bleibt, sind einzig Ruinen. Das ausgehöhlte Haupt wurde von Igor Mitoraj geschaffen: einem Krakauer Künstler, dessen Biografie so zerrissen ist wie die seiner Stadt. 1944 von einer Krakauerin während deutscher Zwangsarbeit geboren, studierte er beim legendären Tadeusz Kantor, ging fort und kam, wenn auch nur für kurze Zeit, immer wieder zurück …

In die »Neue Provinz«!

Die Straße zum Wohnzimmer machen, lesen, surfen und schreiben, den Blick in die Ferne schweifen lassen... In Krakau ist dies – abseits des touristischen Königswegs – ein vertrautes Bild: Man liebt das überschaubare Viertel, wo jeder jeden kennt, Gemütlichkeit zum Alltag gehört. Krakauer gehen nicht nur ins Café, um Durst und Hunger zu stillen, sondern wollen zugleich alte Freunde treffen und neue gewinnen. Geselligkeit steht hoch im Kurs, und auch »Externe« sind, wenn sie nicht zu laut sind, willkommen ...

Ihr Krakau-Kompass

#2

Veit Stoß und der Turmbläser – **Besuch in der Marienkirche**

#3

Quer durch die Altstadt – **auf dem Königsweg**

ZUM BEICHTEN SCHÖN ...

#1

Polens schönster Platz – **der Rynek**

›KÖNIGSWEG DES KAPITALISMUS‹

Aus der Perspektive eines Maulwurfs

WOMIT FANGE ICH AN?

1 2 3

Die industrielle Todesfabrik

15

#15

Gedenkstätte Auschwitz

14

13

12

Eine Welt aus Salz

SCHINDLERS FABRIK

#14

Unter Tage – **das Salzlabyrinth Wieliczka**

★

WIE SIEHT EINE SOZIALISTISCHE IDEALSTADT AUS?

#13

Sozialistische Modellstadt – **Nowa Huta**

#12

Auf Schindlers Spuren – **im Vorort Podgórze**

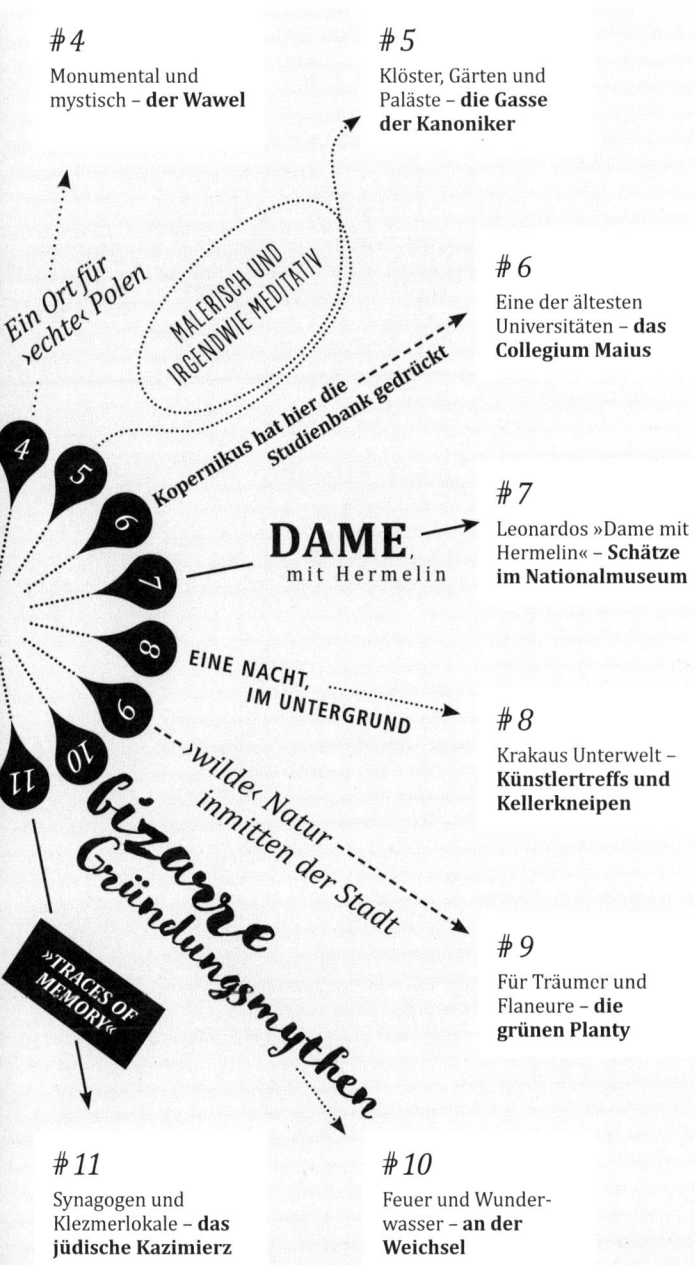

#4

Monumental und
mystisch – **der Wawel**

#5

Klöster, Gärten und
Paläste – **die Gasse
der Kanoniker**

Ein Ort für ›echtes‹ Polen

MALERISCH UND
IRGENDWIE MEDITATIV

#6

Eine der ältesten
Universitäten – **das
Collegium Maius**

Kopernikus hat hier die
Studienbank gedrückt

DAME,
mit Hermelin

#7

Leonardos »Dame mit
Hermelin« – **Schätze
im Nationalmuseum**

EINE NACHT,
IM UNTERGRUND

#8

Krakaus Unterwelt –
**Künstlertreffs und
Kellerkneipen**

›wilde‹ Natur
inmitten der Stadt

bizarre
Gründungsmythen

»TRACES OF
MEMORY«

#9

Für Träumer und
Flaneure – **die
grünen Planty**

#11

Synagogen und
Klezmerlokale – **das
jüdische Kazimierz**

#10

Feuer und Wunder-
wasser – **an der
Weichsel**

1

Polens schönster Platz – **der Rynek**

»Bin ich auf dem Rynek, habe ich das Gefühl, nichts in der Welt zu versäumen« – so lautet ein geflügeltes Wort der Krakauer. Es ist, als übertrüge sich die Weite und Schönheit des Platzes auf alle, die ihn passieren. Ihr Schritt wird leichter, neugierig das Auge. Rund um den Platz öffnen zahlreiche Terrassencafés – der ideale Ort, um mit Genuss das Treiben zu beobachten und zu flirten.

Der Name ›Rynek‹ ist seit dem 19. Jh. gebräuchlich, er geht auf die deutsche Bezeichnung ›Ring‹ aus dem 13. Jh. zurück.

Am Rynek laufen alle Straßen der Altstadt zusammen. Der Platz misst 200 mal 200 m und ist damit einer der größten Plätze Europas, vergleichbar der venezianischen Piazza San Marco. Schon im 13. Jh. spielte sich alles, was wichtig war, auf dem Rynek ab: Hier wurde gehandelt und gefeilscht, gesungen und gestritten. Und noch heute erlebt man auf dem Platz Volkstheater im wahrsten Sinne des Wortes, nichts ist museal, das Vergangene blüht auf! Vor dem Historischen Museum stehen ein paar Fiaker, die noch aus Habsburger Zeit stammen könnten, in der Nähe eines Brunnens tummeln sich Hunderte von Tauben – laut Legende verzauberte Ritter, die darauf warten, erlöst zu werden!

Blickfang Tuchhallen

Der Länge nach wird der Platz von den basar-
ähnlichen **Tuchhallen** (Sukiennice) geteilt, Arkaden und Attiken, Goldkuppeln und Maskaronen
verströmen einen Hauch von Exzentrik. Früher
stellten hier Kaufleute Waren aus aller Herren
Länder aus; heute findet man in dem über 100 m
langen, schummrig beleuchteten Renaissancebau
Kunsthandwerk aus ganz Polen: von schlesi-
schem Kristall über Tatra-Wollpullover bis zu bal-
tischem Bernstein. Unter den Arkaden reihen sich
Galerien mit Kunsthandwerk und stilvolle Cafés.

Spannender noch als das Erdgeschoss sind die
oberen Stockwerke der Arkaden: Die **Galerie der
Polnischen Malerei und Bildhauerkunst des 19. Jh.**
1 ist ein hervorragendes Entree in polnische
Mythen und Fantasiewelten – alle Künstler, die
Rang und Namen haben, sind hier vertreten. Ihre
Werke entstanden in einer Zeit, als der polnische
Staat ausgelöscht und es den Künstlern auferlegt
war, die Fahne des Patriotismus hochzuhalten.
Die »Preußische Huldigung«, ein gigantisches
Historienbild Jan Matejkos, feiert den Kniefall des
deutschen Hochmeisters vor dem polnischen Kö-
nig, daneben sieht man virtuose Reitergemälde
von Piotr Michałowski, Porträtstudien und Land-
schaftstableaus.

Wer an der Nordostecke der Tuchhallen (gegenüber der Marienkirche) in den Keller hinab-

Ü
ÜBRIGENS

Wollen Sie sehen, wie
sich die **polnische
Kunst im 20. Jh.**
weiterentwickelte, dann
besuchen Sie die Galerie
im Hauptgebäude des
Nationalmuseums
(▶ S. 47).

Das **Denkmal** zwischen Eidechsen-Haus und Tuchhallen zeigt Adaś, alias **Adam Mickiewicz,** wie er in wallendem Gewand in die Ferne blickt. Ihm zu Füßen ruhen vier Musen: Personifizierungen von Poesie, Wissenschaft, Tapferkeit und Heimat. Gern verabreden sich junge Paare ›bei Adaś‹ – zu seiner Rechten sind Blumenstände postiert, dort kann man alles kaufen, was das Herz junger Polinnen öffnet!

steigt, lernt den **Unterirdischen Markt** 2 kennen: Auf gläsernen Stegen durchläuft man das mittelalterliche, mehrfach verschüttete Krakau, passiert Reste alter Kramläden und den Friedhof. Aus der Perspektive eines Maulwurfs blickt man durchs Wasser des Marktbrunnens auf die Marienkirche. Filmszenen, auf Nebelwände projiziert, laden Besucher zur Zeitreise ein, per Touchscreen werden die Ausgrabungsfunde erläutert.

Sesam, öffne Dich!

Ringsum ist der Marktplatz von Adels- und Patrizierpalästen gesäumt, die in weißen und pastellgelben Farben leuchten. Von der Gotik bis zur Art nouveau sind alle Stile vertreten.

Es lohnt sich, die Fassaden mit den Augen abzutasten, vielleicht auch in den einen oder anderen Palast hineinzuschauen. Anfangen könnten Sie bei **Szara** im Haus Nr. 6, das König Kazimierz III. für seine jüdische Geliebte erbauen ließ – bis heute blieben die Sterngewölbe aus gotischer Zeit erhalten. Der von Holzgalerien gesäumte Innenhof zur Rechten bildet das Verbindungsglied zum **Haus der Montelupis,** einer italienischen Patrizierfamilie. 1558 gründeten sie hier, im Haus Nr. 7, die erste italienisch-polnische Post. Ein gotisches Relief mit zwei ineinander verschlungenen Reptilien leiht der Kamienica Pod Jaszczurami, dem **Eidechsen-Haus** (Rynek Głowny 8, ▶ S. 109), seinen Namen. Das Portal ist das

Im 19. Jh. bekam der Rynek sein heutiges Aussehen. Der Umgestaltung des Platzes fiel auch das Rathaus zum Opfer, nur der Turm blieb stehen.

INFOS/ÖFFNUNGSZEITEN

Galerie der Polnischen Kunst des 19. Jh. (Galeria Sztuki Polskiej XIX w. Sukiennicach) 1:
Sukiennice, http://mnk.pl, Di–Sa 10–18, So 10–16 Uhr, 4 €

Unterirdischer Markt (Podziemia Rynku) 2: Sukiennice, www.podziemia rynku.pl, Mo 10–20, Di 10–16, Mi–So 10–22 Uhr, 4,75 €; die Besucherzahl ist begrenzt, Tickets bitte im Voraus online oder an der Kasse kaufen, die sich vorerst auf der Westseite der Tuchhallen befindet!

Goethe-Institut 3: Rynek Głowny 20, T 12 422 69 02, www.goethe.de/krakau, Mo, Mi 11–16, Di, Do 11–18 Uhr

Internationales Kulturzentrum (Międzynarodowe Centrum Kultury) 4: Rynek Głowny 25, www.mck.krakow.pl, Di–So 11–19 Uhr, 3 €

Palais Krzysztofory – Historisches Museum zur Geschichte der Stadt Krakau (Muzeum Historyczne Miasta Krakowa) 5: Rynek Głowny 35, www.mhk.pl, Di–So 10–17.30 Uhr, 3 €

Gotischer Turm (Wieża Ratuszowa) 6: Rynek Głowny 1, www.mhk.pl, tgl. 10.30–18 Uhr, 2,25 €

Adalbertkirche (Kościół św. Wojciecha) 7: Rynek Głowny 3, http:// kosciolwojciecha.pl, Mo 10–16, Di 10–14, Mi–Sa 10–16 Uhr, 1 €

KULINARISCHES FÜR ZWISCHENDRIN

Café Słodki 1: Rynek Głowny 19, http://slodkiwentzl.pl, tgl. 10–22 Uhr

Café Szał 2: Im Lift geht es hinauf: Über den Eingang zur Galerie der Polnischen Malerei in den Tuchhallen gelangen Sie in das Café mit Terrasse und spektakulärem Blick auf den Rynek und die Marienkirche (Sukiennice, tgl. 10–23 Uhr).

Cityplan: D/E 4/5 | Tram 1, 6, 8, 13, 18, 20, 69, plac Wszystkich Świętych

---

Emblem des Krakauer Studentenklubs, der jeden Abend zu Karaoke und Fiestas einlädt.

Gar nicht steif geht es im **Goethe-Institut** 3 im klassizistischen Potocki-Palais zu (Rynek Głowny 20). Von der Bibliothek im ersten Stock – mit originaler roter Ausmalung, Goldstuck und Kamin – bietet sich ein spannender Blick auf den Platz. Die sympathische ›Buchhüterin‹ Jolanta begrüßt ihre Besucher in perfektem Deutsch!

Hinter der eher unscheinbaren Fassade des Hauses zum Raben verbirgt sich das **Internationale Kulturzentrum** 4. Mit einem gläsernen Lift fährt man in den zweiten Stock, wo in großzügigen Räumen europäische Klassiker vorgestellt werden. In Einzelausstellungen wurden bereits

Lieben Sie gutes Eis? Spazieren Sie hinüber ins **Café Słodki** 1 – Sie finden es links vom Goethe-Institut.

Der ›ewige Student‹ auf dem Marienplatz – im Stil von Veit Stoß

Rembrandt und Nolde, Masereel und Schiele gezeigt.

Gleich um die Ecke, im **Pod Baranami** (Haus unter den Widdern, Rynek Główny 27, ▶ S. 50), residierte ab dem Jahr 1956 ein berühmtes Kabarett, heute findet dort im Juli ein beliebtes Jazzfestival statt. In Erinnerung daran, dass sich in dem Adelspalast im Mittelalter eine Metzgerei befand, ist die Fassade mit traurigen Tierköpfen geschmückt.

Wer mehr über das frühere Krakau erfahren will, besucht das **Palais Krzysztofory** 5. Im dortigen Stadtmuseum sind alte Dokumente zur Stadtgeschichte zu sehen, aber auch Goldarbeiten, Gemälde und Kupferstiche. An den Sieg über die Tataren 1287 erinnert das von Stanisław Wyspiański entworfene Kostüm des Lajkonik, ausgestellt sind auch die schönsten Weihnachtskrippen des Wettbewerbs vom vergangenen Jahr: fantastische Gebilde aus Glanz und Glitter. Vor dem Palais warten Fiaker auf Kundschaft – zur Wahl stehen Fahrten quer durch die Altstadt und nach Kazimierz.

Hoch hinaus und tief unter der Erde

So groß ist der Rynek, dass auf ihm spielend weitere Gebäude Platz finden: so ein einsam aufragender **gotischer Turm** 6, Überbleibsel des 1820 abgerissenen Rathauses. Seine unterirdischen Gewölbe, einst städtische Folterkammer, beherbergen heute Theater und Bar. Zwecks sportlicher Ertüchtigung könnten Sie versucht sein, den 70 m hohen Turm über steile Stufen zu besteigen, doch seien Sie gewarnt – der Blick über den Marktplatz kann mit dem von den Tuchhallen und der Marienkirche nicht mithalten.

Wie eine Miniatur erscheint die **Adalbertkirche** 7 an der Südostseite des Rynek. Sie entstand im 11. Jh. auf den Überresten einer hölzernen Kultstätte und ist Krakaus ältestes erhaltenes Gotteshaus, was freilich die barocke Einkleidung kaum erahnen lässt. Angeblich hat just hier der hl. Adalbert gepredigt, bevor er als Missionar ins Land der heidnischen Pruzzen zog und dort den Märtyrertod starb. In den unterirdischen Räumen kann eine Ausstellung besichtigt werden, die an die Geschichte des Platzes und der Kirche erinnert.

Musikalische Begegnungen: Kann es für Straßenmusiker eine schönere Bühne geben als den Rynek?

Veit Stoß und der Turmbläser – **Besuch in der Marienkirche**

Goldrausch, ein Altar voller Leben, Trompetenmusik rund um die Uhr: Krakaus schönste Kirche ist so reich an sinnlichen Genüssen, dass man verstehen kann, warum sich den lieben langen Tag Schlangen vor den Beichtstühlen bilden! ▼

Die **Marienkirche** 1 wurde im 13. Jh. von reichen Krakauer Bürgern gestiftet – bis heute ist sie das größte und schönste Gotteshaus der Stadt. Der dreischiffige Innenraum präsentiert sich als Farborgie in Kupferrot, Nachtblau und Gold, von unten bis oben ist er mit Pflanzenornamenten und Heiligenfiguren ausgemalt. Vieles ist zu bewundern: die barocke Kanzel und die von Stanisław Wyspiański gemalten Buntglasfenster, die marmornen Altäre und die Renaissancegräber in den Kapellen.

Die Marienkirche steht schräg zum schachbrettförmigen Grundriss der Altstadt – als ihr Vorgängerbau errichtet wurde, gab es den Rynek noch nicht.

1442 wurde der alte Altar der Marienkirche durch den Einsturz des Chorgewölbes zerstört, ein repräsentativer Ersatz musste her. Von 1477 bis 1489 arbeitete Veit Stoß an seinem Meisterwerk.

Mittelalter live

Das herausragende Kunstwerk ist der legendäre **Hochaltar,** mit 13 x 11 m eine der größten und besten Arbeiten der europäischen Gotik. Geschaffen hat ihn Veit Stoß, ein aus Nürnberg angeworbener Bildhauer, den die Polen gern als ihren ›Wit Stwosz‹ verehren. Für seine Arbeit erhielt er 2808 Gulden, was dem gesamten Jahresetat der Stadt entsprach. Freilich hat der Künstler ganze zwölf Jahre gebraucht, um den Altar zu vollenden.

Sind die Altarflügel geschlossen, sieht man zwölf Szenen aus dem Leben von Maria und Jesus in farbigem Relief. Werden sie gegen 12 Uhr für die Dauer von sechs Stunden geöffnet, erblickt man ein Panoptikum von mehr als 200 Figuren. Der geöffnete Schrein zeigt auf den sechs Seitentafeln links die Verkündigung, Christi Geburt und die Anbetung der Heiligen Drei Könige, rechts die Auferstehung, Himmelfahrt und Pfingstwunder. Blickfang des Altars ist der Hauptschrein; er zeigt, wie Maria zu Boden sinkt und entschläft, umringt von trauernden, verzweifelten Aposteln.

Spiel mir das Lied vom Tod

Musica viva – die Marienkirche ist nicht zu überhören! Zu jeder vollen Stunde wird von dem

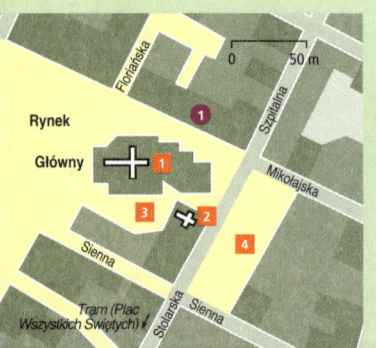

INFOS/ÖFFNUNGSZEITEN
Marienkirche (Bazylika Mariacka)
1: plac Mariacki 5, Mo–Sa 11.30–18, So 14–18 Uhr, letzter Eintritt 15 Min.

vor Schließung. Wer beten will, wählt den Eingang rechts vom Hauptportal (frei), wer den Altar von Veit Stoß von Nahem sehen möchte, nimmt den Seiteneingang (2,50 €).
Aufstieg zum Turm für jeweils zehn Personen (Aufgang Nordseite) Di–Sa 9.10–11.30, 13.10–17.30, So 13–17 Uhr, 3,75 €

KULINARISCHES FÜR ZWISCHENDRIN
Frisch zubereitete Pasta in behaglichem Ambiente (ab 8 €) kommt bei **Bianca** **1** am plac Mariacki 2 auf den Tisch (Mobil 782 29 77 15, http://bianca-ristorante.pl, tgl. 12–23 Uhr); sehr gut schmeckt auch das Schokoladensoufflé.

Cityplan: D/E 5 | **Tram** 1, 6, 8, 13, 18, 20, 69, plac Wszystkich Świętych

höheren, goldgekrönten **Turm** eine Trompetenmelodie in alle vier Himmelsrichtungen geblasen. »Hejnał« heißt sie in Anspielung auf ein ungarisches Wort, das so viel wie Dämmerung bedeutet. Im Mittelalter war dies ein Weckruf, der die Menschen zur Arbeit antrieb, aber er erklang auch, um Menschen zu warnen, sei es vor dem Ausbruch von Feuer oder der Ankunft feindlicher Truppen.

Wenn die in Krakau gespielte Melodie nach wenigen Takten abrupt abbricht, so geschieht dies in Erinnerung an einen wackeren Turmwächter, dessen Kehle anno 1241, noch während er in seine Trompete blies, vom Pfeil des Feindes durchbohrt wurde. Mit seinem Tod, so steht es in den Geschichtsbüchern, hat er seine Mitbürger gerettet. Heute wird die Melodie landesweit jeden Mittag um 12 Uhr im Radio übertragen, weshalb sie vielen Polen als ›zweite Nationalhymne‹ gilt. Und weil jedes klassische Stück nach einer Neuinterpretation verlangt, trompetet es Tomasz Stańko, der polnische Miles Davis, in seiner »13. Version« als aufbegehrendes Kampflied.

Wer den Turmbläser (oder könnte es auch eine Frau sein?) kennenlernen möchte, begibt sich zum Aufgang an der Westseite. Über 239 knarrende Stufen steigt man hinauf in sein Gemach. Der Lohn der Müh: Vorbei an vergoldeten Turmspitzen bietet sich ein **fantastischer Rundblick** über die Stadt.

Die Marienkirche hat zwei ungleiche Türme.

→ UM DIE ECKE

Die kleine **Barbarakirche** **2** (Kościół św. Barbary) wurde aus Backsteinen errichtet, die beim Bau der mächtigen Marienkirche übrig blieben (unregelmäßig geöffnet). Auch sie birgt ein expressives Werk aus der Werkstatt von Veit Stoß: die Skulptur »Christus am Ölberg« in einem Schrein links vom Eingang. Zwischen beiden Kirchen liegt der elegante **Marienplatz** **3** (plac Mariacki), den Künstler gern auf ihren Bildern verewigen – in seiner Mitte ein Brunnen mit der anmutigen Figur des »Mittelalterlichen Studenten«.

Durch einen Torbogen gelangen Sie zum **Kleinen Markt** **4** (Mały Rynek), einer Miniausgabe des Hauptplatzes (Rynek Główny), doch bedeutend stiller.

Besuch beim Turmbläser: Bei klarer Sicht ist am Horizont sogar die Silhouette der Hohen Tatra zu erkennen.

#3

Quer durch die Altstadt – **auf dem Königsweg**

Wandeln Sie auf den Spuren der polnischen Könige – am besten schon frühmorgens. Dann nämlich wälzen sich noch keine Menschenströme durch das historische Zentrum der Stadt.

Kaum vorstellbar: Durch das Florianstor fuhr bis 1953 eine Straßenbahn, vor dem Torbogen wurde der Stromabnehmer eingeklappt. Heute passiert man das Tor nur noch zu Fuß.

Einzug ins königliche Krakau

Der **Königsweg** (trakt królewski), auf dem die Monarchen Einzug in die Stadt hielten, begann am **Matejko-Platz** (plac Matejki), in dessen Mitte ein monumentales Denkmal steht. Der Platz ist das Schmuckstück von Kleparz – mit schöner

Pflasterung und Blumenbeeten. In der Kunstakademie an seiner Westseite studierten Stanisław Wyspiański, Tadeusz Kantor und Andrzej Wajda, an seiner Nordseite steht die **Florianskirche** (▶ S. 82). Das Denkmal in der Mitte des Platzes zeigt König Władysław Jagiełło hoch zu Ross und Fürst Witold, seinen litauischen Verbündeten. Dem König zu Füßen liegt Ulrich von Jungingen, der getötete Hochmeister des Deutschen Ordens. 1910, genau 500 Jahre nach der legendären Grunwald-Schlacht, wurde das Denkmal enthüllt, um im besetzten Polen den Sieg über das Deutsche Reich mit Pathos zu feiern.

Nach Querung der viel befahrenen Ringstraße steht man vor der **Barbakane** 1 , einer am Ende des 15. Jh. aus Furcht vor türkischen Angriffen erbauten Backsteinbastion. Mit ihren sieben Wachtürmen war sie das Herzstück der einstigen Befestigungsanlage. Der massive Rundturm misst 24 m im Durchmesser, in die 3 m dicken Ziegelmauern sind 130 Schießscharten eingelassen.

Durch Doppelmauern war die Barbakane mit dem angrenzenden **Florianstor** (Brama Floriańska) verbunden, das als einziges der sieben Stadttore den sogenannten Verschönerungsmaßnahmen im frühen 19. Jh. nicht zum Opfer fiel. Seit 1307 ist der dunkle Torturm der wichtigste Zugang zur Stadt: Zur Straße hin ist in sein Gemäuer ein Relief des hl. Florian, des Krakauer Schutzpatrons, eingelassen. Beiderseits des Tors erstrecken sich Reste der ehemaligen Stadtmauer mit dem Posamentiererturm im Osten, dem Zimmermanns-, Tischler- und Seilerturm im Westen. Im Schutz der Mauer stellen während der Sommermonate Hobbymaler ihre Werke aus: Frauenakte, üppige Stillleben und Krakauer Stadtansichten.

Königsweg des Kapitalismus

Über die **Floriansgasse** (ul. Floriańska) ergießt sich ein nicht enden wollender Menschenstrom. Schon immer war sie eine zentrale Einkaufsstraße, da verwundert es nicht, dass sich hier schon gleich nach Einführung der Marktwirtschaft westliche Konzerne ein Standbein sicherten: McDonald's und Levi's, Adidas und Orsay – sie alle sind so präsent, dass man die Reliefs und

Hier müssen Sie mal hineinschauen: Das Café **Jama Michalika** 1 ist ein ›Museum‹ voll exzentrischer Kunst. Es führt zurück in jene Zeit um 1900, als sich der Konditor Michalik von den oft mittellosen Studenten der Kunstakademie, die auf Süßes nicht verzichten wollten, mit Bildern bezahlen ließ. Höhle *(jama)* heißt das Café, weil die von den Studenten geschaffenen Buntglasfenster so dunkel sind, dass kaum ein Lichtstrahl nach innen dringt. Dazu sind die Jugendstillampen so dezent eingestellt, dass man andere Gäste nur schemenhaft wahrnimmt. Hier käme niemand auf die Idee, eine Zeitung oder ein Buch lesen zu wollen; selbst die Speisekarte lässt sich nur mit Mühe entziffern. Das Gegenüber verschwimmt im dunklen Schein, Gespräche werden fast flüsternd geführt. Fürwahr, das Café ist ein Ort zum Abtauchen.

Jesuiten brachten die Gegenreformation und den Barock nach Krakau. Die Peter-und-Paul-Kirche, entstanden in den Jahren 1597–1619, ist die erste Barockkirche Polens.

An einem Tag der Woche wird allen Ungläubigen gezeigt, dass die Erde ein beweglicher Planet ist und das **Foucault'sche Pendel** mehr als nur der Titel eines Umberto-Eco-Romans: Von der Kuppel der Peter-und-Paul-Kirche wird ein 46,5 m langes Seil herabgelassen, an dem eine 25 kg schwere Kugel hängt. Anfangs bewegt sich das in Schwingung versetzte Pendel geradlinig, doch im Laufe der Zeit ändert es seine Richtung und beschreibt eine Rosettenbahn. Geschuldet ist dies der sogenannten Coriolis-Kraft, womit Physiker die ablenkende Kraft durch die Rotation der Erde bezeichnen. Für die These, dass sich die Erde dreht, erbrachte Nikolaus Kopernikus den mathematischen, Jean Bernard Leon Foucault den mechanischen Beweis. Kostproben gibt es meist donnerstags um 10, 11 und 12 Uhr, aber nicht an kirchlichen Feiertagen!

Renaissanceportale an den Häusern kaum wahrnimmt. Polen nennen die Floriansgasse inzwischen ›Königsweg des Kapitalismus‹. Da taucht man gern für eine Weile ab und genießt im Café **Jama Michalika** ❶ das Ambiente des Fin de Siècle. Ein paar Häuser weiter, im **Jan-Matejko-Haus** ❷, macht man Bekanntschaft mit Polens Nationalmaler; mit seiner Sicht auf Schlüsselereignisse der Landesgeschichte hat er sich in die Herzen polnischer Patrioten gemalt.

Über vier Etagen erstreckt sich das von angenehmen Düften durchwehte **Pharmaziemuseum** ❸. In dem Patrizierhaus wird Heilkunst anno dazumal vorgestellt; man entdeckt Gift-

schränke, bizarre Laborutensilien und ausge-
stopfte Krokodile, aus deren Innereien Medikamente hergestellt wurden.

An der Ecke św. Tomasza führt ein Renaissanceportal ins traditionsreiche **Hotel Zur Rose**
(Pod Różą, Floriańska 14, ▸ S. 89). Das Haus,
so besagt die in Latein eingemeißelte Inschrift,
möge so lange bestehen bleiben, »bis die Amei-
se das Meer ausgetrunken und die Schildkröte
den Erdball umrundet hat«. Und auch am **Haus
zu den Mohren** (Pod Murzami, Floriańska 1) entdeckt man ein sehr interessantes Detail: Zwei
knapp bekleidete Schwarzafrikaner dienten im
16. Jh. als Werbeträger für die hier eröffnete
Apotheke.

Im **Matejko-Geburts-
haus** sind vor allem
Skizzen und kleinere
Bilder des Künstlers aus-
gestellt. Seine berühmten
großen Gemälde finden
Sie in der Galerie der
Polnischen Malerei und
Bildhauerkunst des
19. Jh. (▸S. 21).

Schnurstracks zum Wawel

Wo die Straße in den Rynek mündet, ragt zur
Linken die **Marienkirche** (▸ S. 25) auf. Vor ihrem Hauptportal spielen Straßenmusiker, Bettler
erwarten Almosen. Geradeaus setzt sich der Königsweg über die an der Südostseite des Platzes
trichterförmig abzweigende Grodzka fort. **Burg-
gasse** heißt sie, weil sie schnurstracks zum Wawel führt. Mit ihren vielen Läden erscheint sie
zunächst als Fortsetzung der Floriansgasse, doch
ändert sich ihr Charakter am **Allerheiligenplatz**
(plac Wszystkich Świętych): Hinter einer originellen Ziegelfassade verbirgt sich der **Pavillon
Wyspiański**, die städtische Touristeninformation,
mit Glasfenstern des bekannten gleichnamigen
Malers. Beiderseits des Platzes stehen gotische
Gotteshäuser, rechts die **Franziskanerkirche** (▸ S.
52), links die **Dominikanerkirche** (▸ S. 82).
Auch den nachfolgenden Straßenabschnitt dominieren Kirchen, Klöster und Kollegien – har-
monisch sind die unterschiedlichen Kunststile
miteinander verwoben. So wirkt der **Magdalenenplatz** (pl. św. Marii Magdaleny) wie aus einem Guss, obgleich doch Romanik, Renaissance
und Barock dicht beieinanderstehen.

Zwölf überlebensgroße Apostelfiguren weisen
den Weg zur **Peter-und-Paul-Kirche** 4, die Ende
des 16. Jh. als Replik der römischen Jesuitenkirche Il Gesù entstand. Es war das erste barocke
Gotteshaus Krakaus, entworfen von Giovanni
Maria Bernardoni. Effektvoll gliedern Säulen
die Fassade und auch im Innenraum spielen sie

*Backsteinbastion
Barbakane*

die Hauptrolle. Sie tragen ein Tonnengewölbe, während sich über der Vierung eine imposante Kuppel spannt. Einen Blick lohnt auch die Krypta unter dem Hauptaltar, wo die sterblichen Überreste von Piotr Skarga, Polens jesuitischem ›Star-Prediger‹ ruhen. Gegenüber der Kirche steht er auf hohem Sockel!

Gleich nebenan steht eines der ältesten Gotteshäuser Polens: die **Andreaskirche** **5** mit zwei auffallenden Türmen. Sie ist aus unverputztem Naturstein erbaut und besticht durch ihre schlichten Formen. Die 1,50 m starken Mauern unterstreichen ihren wehrhaften Charakter; 1241 suchten Krakaus Bewohner hier Zuflucht vor den Angriffen der Tataren. Das Innere der Kirche überrascht die Besucher mit üppigem Barock und viel Gold!

Vorbei an zwei weiteren, weniger bedeutenden Kirchen erreichen Sie in wenigen Minuten den Fuß des **Wawel**.

INFOS/ÖFFNUNGSZEITEN

Wyspiański Pavillon: plac Wszystkich Świętych 2, T 12 616 18 86, www.infokrakow.pl, tgl. 9–17 Uhr
Barbakane (Barbakan) **1**: Ecke Planty/ul. Floriańska, tgl. 10.30–18 Uhr, 2 €
Jan-Matejko-Haus (Dom Jana Matejki) **2**: ul. Floriańska 41, http://mnk.pl, Di–Sa 10–18, So 10–16 Uhr, 2,50 €
Pharmaziemuseum (Muzeum Farmacji) **3**: ul. Floriańska 25, www.muzeumfarmacji.pl, Di 12–18.30, Mi–Sa 10–14.30 Uhr, 2,25 €
Peter-und-Paul-Kirche (Kościół św. Piotra i Pawła) **4**: ul. Grodzka 52, www.apostolowie.pl, Di–Sa 11–15, So 13.30–17.30 Uhr
Andreaskirche (Kościół św. Andrzeja) **5**: ul. Grodzka 56, tgl. 9–17 Uhr

KULINARISCHES FÜR ZWISCHENDRIN

Jama Michalika **1**: ul. Floriańska 45, T 12 422 15 61, tgl. 9–22 Uhr

Cityplan: E 3–5 und D 5–7 | **Tram** 2, 4, 7, 14, 18, 24, 64, Basztowa

Monumental und mystisch – **der Wawel**

 # 4

Was der Hradschin für die Tschechen, ist der Wawel für die Polen. Imposant thront er auf einem Kalkfelsen über der Weichsel – ein Zentrum weltlicher und geistlicher Macht: Hier ließen sich polnische Könige krönen und von hier regierten sie das Land. Den meisten Polen gilt er als Heiligtum – wer nicht wenigstens einmal im Leben zum Wawel pilgert, verliert den Anspruch, ein echter Pole zu sein.

Wahrscheinlich nähern Sie sich dem Wawel wie die meisten Besucher von der Altstadt: Ein Promenadenweg führt den Schlosshügel hinauf; eine Backsteinmauer trägt die Namen all jener, die für die Restaurierung des Wawel gespendet haben. Hoch zu Ross grüßt Nationalheld **Tadeusz**

Auf dem Burgberg von Krakau thront Polens Nationalheiligtum, die Wawel-Kathedrale.

Wawel-Kathedrale

Kościuszko [1] mit erhobenem Arm – das Reiterstandbild ist ein dunkler Scherenschnitt vor Krakaus Himmel. Oben angekommen, eröffnet sich ein parkähnliches Plateau. Im Nordosten erhebt sich das Königsschloss, im Nordwesten die Kathedrale; an der Südseite befinden sich Infozentrum und Kasse.

Würdige Ruhestätte

In der **Wawel-Kathedrale** [2] ließen sich Polens Könige von 1320 bis 1764 krönen – und fast alle wurden hier auch bestattet. Das Gotteshaus vereint alle Stile vom Mittelalter bis zur Moderne: Außen gefällt es mit gotischen Türmen, goldenen Renaissancekuppeln und barocken Hauben. Im dreischiffigen Innenraum setzt sich die stilistische Vielfalt fort. An zentraler Stelle steht der silberne Reliquienschrein Stanisławs, des 1079 ermordeten, später heiliggesprochenen Krakauer Bischofs (▶ S. 58).

Einige der insgesamt 19 Kapellen sind sehr ausdrucksstark. Rechts vom Haupteingang wurde König Kazimierz IV. von Veit Stoß so realistisch in Stein gemeißelt, dass man meint, er habe soeben die Augen geschlossen. Über dem Sarkophag spannt sich ein mit byzantinischen Fresken ausgemaltes Sterngewölbe.

Als ›Perle der Renaissance‹ gilt die 1574 erbaute **Sigismund-Kapelle,** die fünfte im rechten, d. h. südlichen Seitenschiff. Das von Santi Gucci entworfene Doppelgrab präsentiert die letzten Könige der Jagiellonen-Dynastie als Herrscher einer Goldenen Zeit: Sie ruhen in lässiger, fast heiterer Pose, als wollten sie sagen, dass der Tod nach einem so erfüllten Leben keinen Stachel mehr hat. Über das linke Seitenschiff steigt man in die Krypta hinab, wo neben Königen große Persönlichkeiten beigesetzt sind; dazu zählen die Militärführer Tadeusz Kościuszko und Józef Piłsudski sowie der 2010 verstorbene Präsident Lech Kaczyński. In der ›Krypta der Dichter‹ ruhen Adam Mickiewicz und Juliusz Słowacki friedlich beieinander.

Über die Sakristei gelangt man auf engen Stiegen zum **Sigismund-Turm,** dessen Spitze mit den Statuen der nationalen Schutzheiligen geschmückt ist: Adalbert, Kazimierz, Stanisław und Wacław. Die 1520 gegossene Sigismund-Glocke ist die größte in Polen. Sie hat einen Durchmesser

Die Wände der Kathedrale, davon sind Hindus überzeugt, verströmen positive Energie. Und auch anderswo scheint Zauber am Werk. Am Eingang sieht man die auf dem Hügel gefundenen Knochen von Nashorn, Mammut und Wal. Solange sie dort hängen, heißt es, gehe die Welt nicht unter. Verflucht aber seien all jene, die die Särge öffnen. Nach Aufbrechen des Sarges von König Kazimierz IV. (gest. 1492) verstarben binnen weniger Jahre alle, die mit ihm in Berührung gekommen waren. Schuld war ein aggressiver, im Sarg konzentrierter Schimmelpilz *(aspergillus flavus).*

Die Geschichte der Wawel-Kathedrale reicht bis ins Jahr 1000 zurück. Der heutige Bau wurde im 14 Jh. begonnen und immer wieder erweitert, sodass hier alle Baustile vom Mittelalter bis zur Moderne vertreten sind.

von 2,5 m und wiegt 12 t – sechs Männer sind nötig, um sie zum Klingen zu bringen. Noch 25 km außerhalb Krakaus ist sie zu hören. Doch als sie zur Jahrtausendwende schlagen sollte, brach ihr Klöppel entzwei. Abergläubische Gemüter deuteten dies als schlechtes Omen für die Zukunft des Landes. Wer noch mehr Sakrales sehen möchte, geht ins **Kathedralmuseum 3** nebenan, wo u. a. die Krönungsgewänder ausgestellt sind.

Ein nationales Symbol der Polen

An die Kathedrale lehnt sich das **Wawel-Schloss 4**. In seiner heutigen Gestalt entstand es in den Jahren 1507 bis 1536, als die ursprünglich gotische Königsresidenz im Stil der Renaissance umgestaltet wurde. Durch eine dunkle Passage gelangt man in einen weiten Innenhof mit hellem Natursteinpflaster und eleganten, dreigeschossigen Arkaden.

Die **Königlichen Privatapartments** befinden sich im ersten Stock des Ost- und Nordflügels, die **Repräsentationsräume** dehnen sich in den zweiten Stock aus. Statt Prunk und Pomp herrscht hier eine zurückgenommene Eleganz, die vor allem auf das harmonische Zusammenspiel von Farben und Materialien setzt. Auffallend sind die Marmorböden und Kassettendecken, Friese und Fresken, vor allem aber die zentimetergenau maßgeschneiderten, aus Seiden-, Gold- und Silberfäden geknüpften Wandteppiche. König Zygmunt August hat sie im 16. Jh. bei Meistern der flämischen Stadt Arras bestellt, weshalb man sie bis heute *arrasy* nennt. Einige zeigen königliche

König Sigismund I. der Alte (1467–1548) war der Stifter der berühmten Sigismund-Kapelle. Sie gilt als eine ›Perle der Renaissance‹.

M
MONSTER

Teuflisch lächelnde Fratzen, grinsende Grimassen und schmerzverzerrte Häupter: Das sind die für Krakau so typischen *maszkarony*, tier- und menschenähnliche Masken, die so hässlich sind, dass selbst das Böse davor Reißaus nimmt. Und genau dies ist der Zweck der Übung: Krakau soll vor allem Übel bewahrt bleiben! Sie finden *maszkarony* hoch oben an den Tuchhallen, den Häusern am Rynek, am Königsschloss Wawel und am Słowacki-Theater.

Wappen und Monogramme, doch die meisten erzählen eine Geschichte: von Adam und Eva im Paradies bis zu ihrem Sündenfall, vom Turmbau zu Babel bis zur alles vernichtenden Flut.

Doch der König war nicht nur bibelfest, er war auch dem Genuss zugetan. Deshalb orderte er 44 Teppiche, die ihn mit der Darstellung fantastischer Pflanzen und Tiere in exotische, nie gesehene Welten entführten. Stets haben die Teppiche die Begehrlichkeit fremder Herrscher geweckt. Als Polen geteilt wurde, entführte man sie ins Ausland – bei ihrer Rückkehr gingen ein paar Stücke verloren. Aufgrund ihres einheitlichen Designs und der kunstvollen Motive gilt die Wawel-Sammlung als eine der schönsten der Welt.

Gleichfalls aus dem 16. Jh. stammen interessante Gemälde, so das »Porträt eines Mannes« von Lucas Cranach d. J. und das Triptychon »Das Jüngste Gericht« mit Anklängen an Hieronymus Bosch. Über den Rittersaal mit einem Fries von Hans Dürer, Bruder des berühmteren Albrecht, gelangt man in den **Audienzsaal** (Sala Poselska), wo der König seine Gäste empfing. Diese mussten vor dem Thron in die Knie gehen und es sich gefallen lassen, von oben gemustert zu werden: Von der Decke starren holzgeschnitzte Köpfe herab, Vertreter aller Stände der polnischen Gesellschaft. Leider blieben nur 30 der ursprünglich 194 Köpfe erhalten. Bevor man zum **Senatorensaal** (Sala Senatorska) kommt, passiert man Räume im düsteren Wasa-Stil – das »Porträt des Prinzen Władysław« stammt von Peter Paul Rubens aus dem Jahr 1624.

Auch der Umbau des gotischen Schlosses zum Renaissancepalast im 16. Jh. geht auf König Sigismund I. den Älteren zurück.

Der Zutritt zum **Wawel-Plateau** ist frei (tgl. 6–19.30 Uhr), ebenso der Besuch der Kathedrale. Für den Besuch der übrigen Sehenswürdigkeiten werden Tickets für je 2–6 € mit vorgegebenen Besuchszeiten verkauft – die Ticketzahl ist limitiert, deshalb bitte 1–3 Tage im Voraus reservieren.

Infozentrum und Kasse befinden sich auf der Südseite des Wawel: Biuro Obsługi Turystow, T 12 422 51 55, www.wawel.krakow.pl, Mai–Aug. tgl. 9–17.45, Sa/So 9.30–17.45 Uhr, sonst kürzer; Biuro Catedral, T 12 429 95 15, www.katedra-wawelska.pl, Mo–Sa 9–16.30, So 12.30–16.30 Uhr

Wawel-Kathedrale (Katedra) mit Krypten und Sigismundturm 2: Mo–Sa 9–17, So 12.30–17 Uhr; das Kathedralmuseum bleibt So geschlossen!

Privatapartments (Prywatne Apartamenty), Repräsentationsräume (Reprezentacyjne Komnaty) und Fernöstliche Kunst (Sztuka Wschodu): Di–Fr 9.30–17, Sa/So 10–17 Uhr

Lost Wawel (Wawel Zaginiony), Kronschatz und Rüstkammer (Skarbiec Koronny i Zbrojownia): Mo 9.30–13, Di–Fr 9.30–17, Sa/So 10–17 Uhr

Café mit Aussicht: Genießen Sie den Weichselblick vom Burgcafé **Kawiarnia pod Basztą** 1 auf der Südseite des Plateaus. Hier werden Pastagerichte, Crêpes und andere kleine Angebote serviert – nichts für Gourmets, aber preiswert (Mo–Fr 9–17, Sa/So 9–18 Uhr, ab 5 €).

Cityplan: C/D 7 | **Tram** 6, 8, 10, 13, 18, Wawel

Das legendäre Krönungsschwert, Schmuck und golddurchwirkte Gewänder gehören zum **Kronschatz,** in der **Rüstkammer** werden Hieb- und Stichwaffen gezeigt. Die verblichenen Fahnen deutscher Ordensritter wurden 1410 in der Schlacht bei Grunwald erbeutet.

→ **UM DIE ECKE**

Haben Sie für den Aufstieg die Nordseite gewählt (ul. Podzamcze/Kościuszko-Statue), könnten Sie über die Südseite (ul. Bernardyńska) hinabgehen. Oder Sie steigen vom Diebesturm (Baszta Złodziejska) am Südwestrand des Wawel-Plateaus durch die **Drachenhöhle** (Smocza Jama) hinab und landen beim Bronze-Drachen (▶ S. 56).

5

Klöster, Gärten und Paläste – **die Gasse der Kanoniker**

Man staunt, dass es nur wenige Schritte vom quirligen Königsweg ruhig und besinnlich zugeht. Die Gasse der Kanoniker, die in elegantem Bogen vom Wawel zur Innenstadt führt, ist die malerischste Straße Krakaus. Geistliche, die wussten, wo es sich am schönsten leben lässt, schufen sich hier luxuriöse Paläste mit ländlichem Flair.

Nach der politischen Wende von 1990 eroberte sich die Kirche ihr klerikales Zentrum schrittweise zurück. Fast alle Häuser dieser Gasse gehören nun wieder der katholischen Kirche, und diese sorgt dafür, dass die klösterliche Stim-

Wir sind Papst!

mung weder durch Werbebanner noch durch Geräuschberieselung, Fast-Food-Shops oder Marktschreier gestört wird. Wer frühmorgens oder spätabends hier entlangspaziert, hört nur den Widerhall der Schritte auf der kopfsteingepflasterten Gasse, vielleicht auch Chormusik aus einem geöffneten Fenster. Gesäumt ist die **Kanonicza** von Häusern aus der Gotik und der Renaissance; durch offene Portale blickt man in Innenhöfe und Gärten – Krakau präsentiert sich friedlich und ländlich!

Im Renaissance-Palast des Bischofs Erasmus Ciołek wird herausragende sakrale Kunst gezeigt.

Tradition steht hoch im Kurs

Benannt ist die Straße nach den Kanonikern, deren Wunsch es war, in Reichweite der Kathedrale zu wohnen. Der berühmteste von ihnen war Karol Wojtyła. Als Bischof lebte er – wie schon 1000 Jahre vor ihm der hl. Stanisław – im Haus Nr. 19, dem heutigen **Erzbischöflichen Museum** **1**. 1978 ließ er sich zum Papst küren und wirkte tatkräftig mit an der Zerschlagung des ›gottlosen Reiches‹. Das von ihm bewohnte, original eingerichtete Zimmer ist seit seinem Tod im Jahr 2005 Kultort polnischer Pilger. Zum Inventar des Raums gehören rote Roben, für die echten Wojtyła-Fans auch ein paar Familienfotos und die legendären Skier, mit denen er als junger Mann die Tatra-Hänge hinabsauste. Daneben werden Messgewänder, Kelche und Rosenkränze ausgestellt, im Erdgeschoss auch religiöse Bilder aus dem 13. bis 20. Jh.

Der Palast schräg gegenüber, um 1540 im Renaissancestil umgestaltet, wird heute als **Johannes-Paul-II-Zentrum** genutzt. Sehenswert sind das wappengeschmückte Portal und der Innenhof mit Arkaden. Man bekommt hier auch Auskünfte über das neue Papst-Sanktuarium Łagiewniki im Süden von Krakau.

Sakrale Kunst vom Feinsten erlebt man im Haus Nr. 17, dem im frühen 16. Jh. erbauten **Palast des Bischofs Erasmus Ciołek** **2**, wo gleich zwei Sammlungen des Nationalmuseums präsentiert werden. »Kunst des Alten Polens« stellt Werke vom 12. bis 18. Jh. vor; im Mittelpunkt stehen Skulpturen von Veit Stoß, Altartriptychen, Werke der Renaissance und barocke Sargporträts. Zu den Kostbarkeiten polnischer Sakralkunst gehört die »Schöne Madonna aus Krużlowa« von 1410,

Haben Sie auch die Romane von Joseph Conrad gelesen? Und wussten Sie, dass er eigentlich **Józef Teodor Konrad Korzeniowski** hieß? Er war sechs Jahre alt, als er 1863 zu seinem Onkel in die nahe gelegene ulica Poselska 12 zog. Dort lebte er, bis ihn – im Alter von 17 Jahren – die Sehnsucht nach dem Meer befiel. Lange Zeit gab es nichts in Krakau, das an den berühmten Bewohner erinnerte. Mittlerweile aber gibt es ein nach ihm benanntes Hotel und jedes Jahr im Oktober findet ein Joseph-Conrad-Festival statt – mit berühmten Literaten und Literaturwissenschaftlern aus aller Welt.

Erst seit dem 17. Jh. wird der Katholizismus als die ›nationale‹ Konfession begriffen. Im 17. Jh., unter der Herrschaft korrupter Adelsmagnaten, verstrickte sich Polen immer stärker in Kriege. Gegner waren das protestantische Schweden, das orthodoxe Zarenreich und das islamische Osmanische Reich, was es leicht machte, die Agitation für den ›wahren‹ katholischen Glauben mit der Idee des Vaterlands zu verknüpfen und in Schwarz-Weiß-Manier religiöse Feindbilder zu entwerfen. Pole = Katholik, jetzt kam die Formel zum Tragen, die Religion war ab sofort ›polonisiert‹. Dazu trug gewiss auch die ›dank Maria‹ geglückte Verteidigung des Klosters von Tschenstochau gegen die Schweden im Jahr 1655 bei. Mit ihrer Krönung zur ›Königin Polens‹ wurde ein Mythos geboren: Katholizismus und nationale Freiheit, tönte es von allen Kanzeln, seien untrennbar miteinander verknüpft.

Wer, wenn nicht ein Engel, könnte für die Gasse der Kanoniker werben?

die fast ebenso kindlich erscheint wie der kleine Jesus auf ihrem Arm. Die zweite Ausstellung trägt den Titel »Orthodoxe Kunst der Alten Republik« und zeigt eine Vielfalt von Ikonen. Diese stammen vorwiegend aus Südostpolen, einige auch aus den Ländern des Balkans.

Zaghafter Widerspruch

Auf der rechten Straßenseite wurde der katholischen Kirche ein mächtiges Gebäude ›entwunden‹: Es handelt sich um das **Hotel Copernicus** ❶ (▶ S. 89) im erlesenen Ambiente eines gotischen Palastes. Benannt ist es nach dem berühmtesten Studenten der Universität, dessen Porträt die Rezeption schmückt. Die original erhaltenen mittelalterlichen Fresken erinnern daran, dass auch in diesem Haus einmal Kanoniker wohnten.

Ein Stück weiter hat sich das **Instituto Cervantes** ❸, das spanische Kulturinstitut, Räume gesichert. Hier können Sie häufig Ausstellungen spanischer Künstler mit Bezug zu Krakau sehen. Neben dem Kulturinstitut öffnet sich die Gasse zum malerischen Magdalenenplatz mit Brunnen

INFOS/ÖFFNUNGSZEITEN

Erzbischöfliches Museum des Kardinals Karol Wojtyła (Muzeum Archidiecezjalne Kardynała Karola Wojtyły) : ul. Kanonicza 19–21, www.muzeumkra.diecezja.pl, Di–Fr 10–16, Sa/So 10–15 Uhr, 1,25 €

Johannes-Paul-II-Zentrum (Centrum Jana Pawła II): ul. Kanonicza 18, www.janpawel2.pl, Di–So 10–16 Uhr, 1,75 €

Palast des Bischofs Erasmus Ciołek (Pałac Biskupa Erazma Ciołka) 2: ul. Kanonicza 17, http://mnk.pl, Di–Sa 10–18, So 10–16 Uhr, 2,50 €

Spanisches Kulturinstitut (Instituto Cervantes) 3: ul. Kanonicza 12, T 12 421 32 55, http://cracovia.cervantes.es, Mo–Fr 9.30–19, Sa 9–12 Uhr

Palast des Bischofs Samuel Maciejowski (Pałac Samuela Maciejowskiego) 4: ul. Kanonicza 1, Innenhof tgl. 9–18 Uhr

KULINARISCHES FÜR ZWISCHENDRIN

Junge Krakauer, aber auch Urlauber treffen sich heute gern im Café des Buchladens **Bona** 1 (ul. Kanonicza 11, http://bonamedia.pl, tgl. 11–20, im Winter bis 18 Uhr). Sie können dort ungestört in Bildbänden schmökern, finden im Regal vielleicht auch ein deutsches Buch, bestellen Käsetorte und Cappuccino oder genießen einfach den Anblick der vorbeiziehenden Touristen.

La Campana Trattoria 2: ul. Kanonicza 7, T 12 430 22 32, http://lacampana.pl, tgl. 12–23 Uhr, ab 5 €, Kaffee und Kuchen, Risotto- und Pastagerichte

Cityplan: D 6 | **Tram** 6, 8, 10, 13, 18, Wawel

und Piotr-Skarga-Denkmal. Linker Hand liegt das Café **Bona** 1 (mit Buchladen, Haus Nr. 11), zwei Häuser weiter (**La Campana Trattoria** 2, Nr. 7) blickt man in einen ehemaligen Klostergarten.

Die Cricoteka, in der Tadeusz Kantor jahrzehntelang sein »Theater des Todes« erprobte, befand sich im Haus Nr. 5. Als der Künstler ein pompöses Museum am Weichselufer (▶ S. 67) erhielt, gingen die Räume an die Kirche zurück. Und auch das Café Inkwizitor im **Palast des Bischofs Samuel Maciejowski** 4 (Haus Nr. 1) durfte nicht bleiben … Das 1531/32 erbaute Palais wurde von den österreichischen Besatzern im 19. Jh. als Gericht und Gefängnis genutzt – die Worte »Inkwyzytoryat Sądowy« sind ins wappengeschmückte Portal eingemeißelt.

ÜBRIGENS

Der herrliche Klostergarten des Lokals **La Campana Trattoria** 2 diente in sozialistischer Zeit (und noch fast bis zur Jahrtausendwende) als Literatencafé – Wisława Szymborska war gern hier zu Gast.

Eine der ältesten Universitäten – **das Collegium Maius**

Krakaus Universität, das Collegium Maius, ist einem Kloster nachempfunden und führt direkt ins Mittelalter. Man schreitet durch dunkle Saalfluchten und erfährt, dass in Krakau der erste europäische Lehrstuhl für Astronomie eingerichtet wurde. Hier studierte Nikolaus Kopernikus, das große Aushängeschild der Universität.

Königin Hedwig (1373–99) verhalf der Krakauer Hochschule zu einer theologischen Fakultät und verfügte in ihrem Testament eine Stiftung. Damit schuf sie die Voraussetzungen für die spätere Blütezeit der Universität.

Im Jahr 1400 erfüllte der Jagiellonen-König Władysław II. das testamentarische Vermächtnis seiner Frau und erhob die schon 36 Jahre zuvor gegründete Hochschule in den Rang einer voll

INFOS/ÖFFNUNGSZEITEN

Universitätsmuseum Collegium Maius (Muzeum Uniwersytetu Jagiellońskiego Collegium Maius) [1]: ul. Jagiellońska 15, T 12 663 13 07, www.maius.uj.edu.pl, Innenhof ganztägig
Die Innenräume können nur im Rahmen einer im Voraus zu reservierenden 45-minütigen Führung besichtigt werden: Mo, Mi, Fr/Sa 10–15, Di, Do 10–18 Uhr, letzter Zugang 40 Min. vor Schließung, 3 €
Collegium Novum [2]: ul. Gołębia 24
Annenkirche (Kościół św. Anny) [3]: ul. św. Anny 11, tgl. 9–12, 16–19 Uhr

Cityplan: C 4/5 | **Tram** 1, 6, 8, 13, 18, 20, 69, plac Wszystkich Świętych

anerkannten Universität. Ihr Herzstück ist das **Collegium Maius** [1], das heute freilich nur noch repräsentative Aufgaben erfüllt: Hier wird das Semester feierlich eröffnet und beendet und es werden Titel verliehen. Krakaus 15 Fakultäten, an denen über 60 000 Studenten eingeschrieben sind, verteilen sich über die gesamte Stadt.

Großes Kolleg

Sie betreten das Collegium Maius durch ein dunkles Portal und befinden sich sogleich im **Innenhof.** Er ist von gotischen Arkaden umrahmt, man sieht hohe, aus rotem Backstein errichtete Mauern und mittendrin einen Brunnen. Nicht zufällig fühlt man sich an ein Kloster erinnert, waren es doch im Mittelalter Mönche und Nonnen, die sich der Lehre widmeten.

Die Räume, die im Rahmen der Führung besichtigt werden können, wirken so altertümlich, dass man sich vorstellen kann, hier habe der legendäre Dr. Faustus studiert. Man durchläuft die **Bücherei** *(libraria)* und den mit vielen Männerporträts geschmückten **Speisesaal** *(stuba communis)*, darf den Universitätsschatz und alte Rektorenzepter bestaunen. Beeindruckend ist auch ein Blick in die **Aula** mit ihrem geschnitzten Gestühl.

Natürlich wird auch an Nikolaus Kopernikus (1473–1543) erinnert, der mit 18 Jahren nach

Auch in der Uni geht's in den Keller hinab! Gewaschene Backsteinwände und weißer Steinboden machen das Café des Collegium Maius licht und hell.

Im Professorengarten können Sie eine Verschnaufpause einlegen, mit Blick auf die Armillarsphäre: das Instrument zur Messung von Himmelskreisen gilt als eine Art Vorläufer des Planetariums.

Das **Auditorium Maximum** finden Sie nicht in der Altstadt, sondern westlich der Ringstraße: Es ist aus noblen Naturmaterialien erbaut, sehr imposant (ul. Krupnicza 35, Mo–Sa ab 8 Uhr). Abends finden dort oft Konzerte statt.

Krakau kam, um Mathematik und Astronomie zu studieren. Mit seinen Entdeckungen hat er das mittelalterliche Weltbild revolutioniert. Er entwickelte die damals bahnbrechende These, nicht die Erde, sondern die Sonne sei das Zentrum des Universums. Plötzlich erschien die Erde nicht mehr als Krone der Schöpfung, sondern als ein Planet unter vielen anderen. Im Collegium Maius sehen Sie seine Messinstrumente und einen Globus von 1510 – den weltweit ersten, auf dem Amerika als neu entdeckter Kontinent eingezeichnet ist.

Nur am Rande wird im Museum die ›Sonderaktion Krakau‹ erwähnt: Der deutsche Generalgouverneur Frank ließ Ende 1939 den Lehrbetrieb einstellen, 144 Professoren und Dozenten wurden im benachbarten Collegium Novum festgenommen und in Konzentrationslager deportiert.

→ UM DIE ECKE

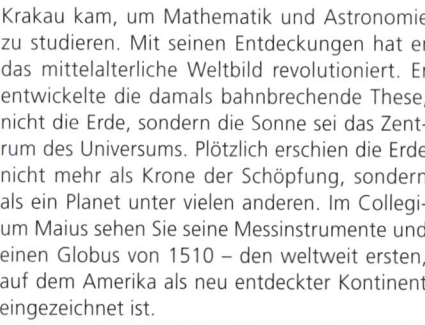

Gleich neben dem Collegium Maius lädt der ›Professorengarten‹ zu einer Verschnaufpause ein. Danach geht's weiter zum 1887 erbauten **Collegium Novum** **2** (ul. Gołębia 24), das mit Backstein und neugotischen Formen an sein historisches Vorbild anknüpft. Der Vorzeigestudent Kopernikus ist vor dem Eingang postiert. Schon nahe am Parkgürtel hat die Universität ihr eigenes Gotteshaus, die **Annenkirche** **3**. Die Kirche hat der Niederländer Tylman van Gameren entworfen, der als Hofarchitekt Polens schönste Barockbauten schuf. Gestiftet wurde sie von König Jan III. Sobieski, der sich damit für die göttliche Mithilfe beim Sieg über die ›ungläubigen‹ Türken (1683 vor Wien) bedankte. Sie werden staunen über die pompöse Doppelturmfassade und die illusionistisch bemalten Gewölbe – statt mönchischer Askese barocke Pracht, statt Backstein Marmor und Goldstuck. Durch die hohe Kuppel flutet das Sonnenlicht. Im rechten Arm des Querschiffs erblickt man den von vier Figuren gestützten **Sarkophag** des Gelehrten Jan von Kanty (Johannes Cantius). Die Figuren personifizieren die wichtigsten Fakultäten jener Zeit: Theologie, Philosophie, Jurisprudenz und Medizin.

Leonardos »Dame mit Hermelin« – **Schätze im Nationalmuseum**

7

Polens kostbarstes Kunstwerk stammt von einem Italiener: Es ist Leonardo da Vincis »Dame mit Hermelin«, die zahlreichen Betrachtern noch anmutiger erscheint als die Mona Lisa im Pariser Louvre. Einzig ihretwegen kommen viele nach Krakau, um sie im Nationalmuseum **1** in Augenschein zu nehmen.

Keusche Kurtisane

Vermutlich hat **Leonardo da Vinci** das Bild »Dame mit Hermelin« im Jahr 1482 gemalt. Dargestellt ist Cecilia Gallerani, die Geliebte des mächtigen Mailänder Herzogs Lodovico Sforza. Doch die junge Frau kommt keineswegs als Kurtisane daher: Züchtig schmiegt sich eine Haube ums Haupt, die Züge sind kindlich, scheu ist der Blick. Der zierliche Hermelin, den Cecilia im Arm trägt, verstärkt noch diesen Eindruck. Deutlich ist das Tier als Alter Ego der Frau konzipiert: Sein Kopf weist in die gleiche Richtung, die spitze Schnauze wiederholt die Form ihres Kinns, sein Pelz ist alabasterweiß wie ihre Haut. Dass Leonardo da

Niederländische Meister (14. Jh.) im Europeum, einer Filiale des Nationalmuseums.

Viel unterwegs, die »Dame mit Hermelin«: vom Stammsitz der Familie Czartoryski in Puławy im Osten Polens über Paris nach Krakau. Vom Czartoryski-Museum wanderte sie in den Wawel, dann erwarb sie der polnische Staat, und verlegte sie 2017 vorläufig ins Nationalmuseum.

Vinci den Hermelin traditionsgemäß als Symbol der Reinheit begriff, geht aus einem Tagebucheintrag hervor. Darin heißt es: »Der Hermelin lässt sich eher vom Jäger fangen, als dass er in eine schmutzige Höhle fährt, und all dies nur, weil er seine Lieblichkeit nicht beflecken will.«

Freilich wäre dies kein Bild da Vincis, wenn die Botschaft so eindeutig bliebe. Weiß man, dass der Hermelin Sforzas Wappentier war, kann man getrost davon ausgehen, dass er mit dem Herzog identifiziert werden sollte. Und dieser war keinesfalls scheu und rein … Der Hermelin, so klein er auch ist, bleibt doch ein Raubtier: Seine Muskeln sind ausgeprägt, seine Krallen sorgfältig in Szene gesetzt. Sie greifen in den geschlitzten Ärmel der Frau, der nicht nur in der Renaissance das weibliche Geschlecht symbolisierte. So wirkt das Bild der Frau widersprüchlich: Jungfräulich rein soll sie erscheinen, doch zugleich als Geliebte verfügbar sein. Das Gemälde gelangte in den Besitz der Adelsfamilie Czartoryski, die ebenso reich wie sammelfreudig war. Nach dem Novemberaufstand 1830 wurde

INFOS/ÖFFNUNGSZEITEN

Nationalmuseum (Muzeum Narodowe/Gmach Główny) 1: al. 3 Maja 1, www.mnk.pl/oddzial/gmach-glowny, Di–Sa 10–18, So 10–16 Uhr, Eintritt bis 30 Min. vor Schließung, ab 5 €

Hutten-Chapski-Museum (Muzeum Hutten-Czapskiego) 2: ul. Józefa Piłsudskiego 12, www.mnk.pl, Di–Sa 10–18, So 10–16 Uhr, 2,50 €

Europeum (Kolekcja Europeum) 3: plac Sikorskiego 6, www.mnk.pl, Di–Sa 10–18, So 10–16 Uhr, 2,50 €

KULINARISCHES FÜR ZWISCHENDRIN
Im rechten Flügel der Haupthalle des Nationalmuseums gibt's ein Café!

Cityplan: Karte: A-C 5 | **Tram** 20, Cracovia

ihre Kollektion, zu der vorwiegend Werke der italienischen, deutschen und flämischen Malerei gehörten, von ihrem Stammsitz, dem Schloss im heute ostpolnischen Puławy, nach Paris gebracht, 46 Jahre später gelangte sie ins habsburgische Krakau.

Tolle Bilder und noch einiges mehr

Auch wenn die »Dame mit Hermelin« eines Tages ins Czartoryski-Museum zurückkehren sollte, bleibt der Hauptsitz des Nationalmuseums eine Top-Adresse für Kunstfreunde. Auf drei Geschossen zeigt es unterschiedliche Ausstellungen. Die wichtigste widmet sich in mehreren Sälen der Polnischen Kunst des 20. Jh. mit Bildern u. a. von Stanisław Wyspiański, Jacek Malczewski, Józef Mehoffer und Andrzej Wróblewski, weitere Werke auch privater Sammler werden in Wechselausstellungen präsentiert. Daneben gibt es eine »Galerie des Kunsthandwerks«, die zu einem Ausflug durch die polnische Kultur- und Geschmacksgeschichte einlädt sowie die bei polnischen Patrioten so beliebte Ausstellung »Waffen und Farben in Polen«, die sich dem Kriegshandwerk vom Mittelalter bis zum Zweiten Weltkrieg widmet.

Zur umfangreichen Sammlung der Familie Czartoryski gehören auch Kunsthandwerk und Totenmasken polnischer Adeliger.

→ **UM DIE ECKE**

Der Weg zurück in die Altstadt führt durch das im 19. Jh. angelegte Stadtviertel »Nowy Świat« (Neue Welt). Touristen wählen für den Rückweg meist die verkehrsreiche Piłsudski-Straße. Eines der schönsten Gebäude ist das aufwendig renovierte **Hutten-Czapski Museum** 2 mit einer imposanten Münzen- und Medaillensammlung. Im modernen Garten-Pavillon erfährt man, dem das Museum seinen Namen verdankt: Józef Czapski (1896–1993) entstammte einer polnischen Adelsfamilie, war patriotischer Intellektueller, Armeeoffizier, Kritiker und Maler. Kunstfreunde zieht es ins nur wenige Minuten entfernte **Europeum** 3, das »Zentrum für europäische Kultur«. Es befindet sich in einem restaurierten ehemaligen Getreidespeicher und wartet auf mit großartigen Skulpturen und Gemälden, darunter Werken von Pieter Brueghel d. J., Lorenzo Lotto und Paolo Veneziano.

Ein Tipp für den Rückweg: In der ul. Krupnicza (vom Europeum 5 Min. zu Fuß) finden Sie in der Nähe des Audimax einige der besten **Veggie-Lokale** (▶ S. 92).

Krakaus Unterwelt –
Künstlertreffs und Kellerkneipen

Der Underground ist in Krakau wörtlich zu verstehen: Die Stadt ist mehrgeschossig unterkellert. Waren die Räume früher konspirative Treffs, so öffnen sie heute als Jazzbars, Kneipen und Kabaretts. Darum sollten Sie die hier vorgestellte Strecke nicht nur am Tag ablaufen, sondern einmal auch nach 22 Uhr, wenn die Bars rappelvoll sind …

Sesam, öffne Dich! Ein Trompeter verlockt Sie, in den Untergrund der Harris Piano Jazz Bar hinabzusteigen. Sie werden's nicht bereuen!

»In dieser Stadt hockt an jeder Ecke ein schräger Vogel«, meint einer, der es wissen muss, der Wahlkrakauer und geniale Karikaturist Andrzej Mleczko. »Und das war schon immer so«, sagt er. Im ausgehenden 19. Jh. erlebte die Stadt – damals unter vergleichsweise liberaler habsburgischer Besetzung – ihre erste antiautoritäre Bewegung, einen Aufschrei gegen Frömmelei und Spießbürgertum. Heute, da immer mehr Menschen dämmert, dass Kapitalismus nicht notwendig Freiheit bedeutet, brodelt es wieder im Untergrund: Querdenker aller Couleur gehen auf Tauchstation und träumen von Utopia.

INFOS/ÖFFNUNGSZEITEN

Die Jazzbars und Szenekneipen am Rynek und in den umliegenden Gassen öffnen meist schon um 10 Uhr und schließen zwischen 23 und 2 Uhr.
Vis a Vis ❶: Rynek Głowny 29
Harris Piano Jazz Bar ❷: Rynek Głowny 28, http://harris.krakow.pl

Pod Baranami ❸: Rynek Głowny 27, www.piwnicapodbaranami.krakow.pl
Dym ❹: ul. św. Tomasza 13
Loch Camelot ❺: ul. św. Tomasza 17, www.lochcamelot.art.pl
Galeria Andrzej Mleczki ❶: ul. św. Jana 14, www.mleczko.pl, 15, tgl. 10–18 Uhr

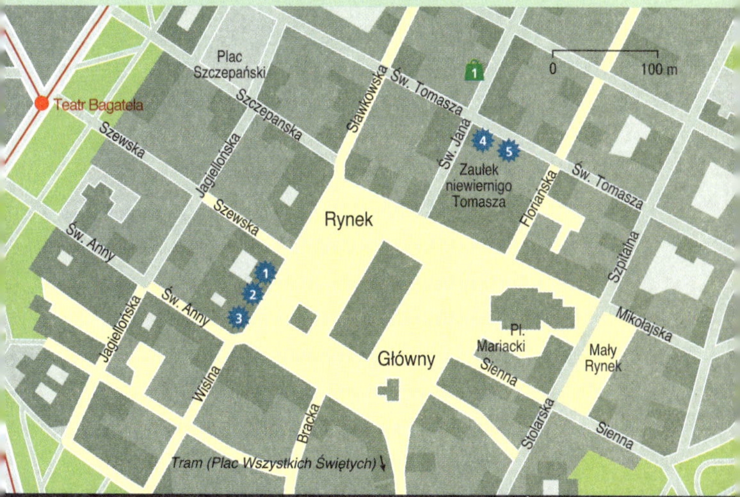

Cityplan: D/E 4/5 | **Tram** 1, 6, 8, 13, 18, 20, 69, plac Wszystkich Świętych

Cafés und Spelunken

Ein guter Startpunkt fürs *klabing* (so heißt *pub crawl,* also die gute alte Kneipentour, auf Polnisch) ist die Südwestecke des Rynek – dort, wo die Wiślna und die św. Anny auf den Platz stoßen. Schon nachmittags füllen sich die Cafés; das **Vis a Vis ❶**, den einstigen Lieblingsort von Sängern und Schauspielern, verteidigen die Einheimischen als fast schon letzten authentischen Ort. Noch immer sind die Getränkepreise relativ günstig, und Touristen werden hier schon mal aufgefordert, das Weite zu suchen, wenn sie zu tief ins Bierglas und polnischen Frauen zu tief in den Ausschnitt schauen.

Wenn es dann dunkel wird, steigen erste Gäste über steile Stufen hinab – z. B. in die verräucherte **Harris Piano Jazz Bar ❷**. Bei wilden Jamsessions und herausgestöhntem Blues verab-

Jedes Jahr erscheint eine neue Aufnahme von Kroke, der **Krakauer Klezmergruppe.** Die CD »The Sounds of the Vanishing World« wurde mit dem Preis der deutschen Schallplattenkritik ausgezeichnet.

schieden sich die Kellerkinder von der Wirklichkeit. Eng stehen und sitzen sie beieinander, nur mit Mühe kann man sich an die Bar vorkämpfen, um etwas zu bestellen. Nebenan, im **Pod Baranami** , geht alles etwas ruhiger zu – hier zehrt man vom Ruf des gleichnamigen Kabaretts, das über 40 Jahre den Lauf der Dinge kommentierte und an bissig-scharfen Kommentaren nicht sparte. Heute hat sich der Widerspruchsgeist in die Musik verflüchtigt, viel Jazz ist zu hören (vor allem im Juli), Kabarett nur noch einmal pro Woche.

K
KNEIPEN

Während Ihres Urlaubs in Krakau können Sie noch Hunderte weiterer Bars entdecken – nirgendwo, so sagt man, sind so viele Kneipen auf engem Raum vereint wie in dieser Stadt! Und vergessen Sie nicht, auch einmal abends nach Kazimierz zu ziehen; dort gibt es mehr als nur Synagogen und Klezmer.

Bei den Ungläubigen

Zu jeder Tageszeit lohnt sich ein Blick in die **Ecke des Ungläubigen Thomas** (zaułek niewierniego Tomasza), einen malerischen Winkel der Altstadt, wo sich in mehreren Bars und Cafés die Krakauer Ketzer treffen. »*A funky hangout*« nennt der Wirt sein **Dym** (dt. Rauch): heute eine nicht mehr von Rauch geschwängerte, aber immer noch schräge Literatenbar, in der man, wie mir ein Kellner stolz erklärt, »zu dem wird, was man wirklich ist«. Auch viele Möchtegernliteraten kommen ins Dym: Schon manch ein Roman wurde hier begonnen, aber nie beendet.

Gleich nebenan liegt das **Loch Camelot**, eine wahrhaftige Höhle (poln. *loch*), wo meist freitags Kabarett- und Musikabende stattfinden, oft auch Ausstellungen und Performances. Schon tagsüber herrscht reger Betrieb, Berühmtheiten der Krakauer Kultur mischen sich unter Jungakademiker und Touristen.

→ UM DIE ECKE

An der Straße św. Jana liegt die **Galeria Andrzej Mleczki** mit einer furiosen Karikaturensammlung. Mleczkos Kunst ist bösartig und antiklerikal, gerichtet gegen alle Inhaber von Macht. Mit spitzer Feder spießt er auf, was ihm falsch und verlogen scheint: ein nie enden wollendes Unterfangen, das sich aber als sehr einträglich erweist. Alles, was sich bedrucken lässt, verziert Andrzej mit seinen Attacken: Schürzen, T-Shirts und Shorts, Tassen und Teller. Und auch die Illustrationen zu dem vom Autor dieses Buches mitverfassten »Kulturschock Polen« stammen von ihm.

Für Träumer und Flaneure – **die grünen Planty**

Ein idealer Ort, um zur Ruhe zu kommen: Wie ein Zauberband schmiegt sich der Parkgürtel 4 km um die birnenförmige Altstadt. Schmale Wege und Alleen laden zum Spaziergang ein – vorbei an Café-Pavillons, Denkmälern und Kirchen.

Der Name verrät es: Planty kommt von ›planieren‹ und bedeutet ›einebnen‹. Im frühen 19. Jh. wurden die mittelalterlichen Stadtmauern geschleift und auf ihren Fundamenten Grünflächen angelegt. Vom Zentrum erreicht man den Park in weniger als fünf Minuten. Meist quert man ihn mehrmals am Tag und genießt die ›wilde‹ Natur, umrunden lässt er sich in gut einer Stunde. Weit ausladende Baumkronen bilden ein nahezu geschlossenes Blätterdach, das ganze Jahr über ist die Luft in diesem Grüngürtel vom Kreischen und Krächzen der Raben erfüllt.

Krakauer Kunststudenten verdienen sich ihren Lebensunterhalt mit idyllischen Landschaftsbildern, Stillleben und Frauenakten. Ihre »wahren Werke«, heißt es, fänden keinen so reißenden Absatz ...

Mit einer Fläche von 21 ha sind die Planty der größte Park der Stadt.

Ab Wawel im Uhrzeigersinn

Überall können Sie sich in die Planty-Runde einklinken. In diesem Fall wird der Spaziergang am Fuß des **Wawel** (▶ S. 33) beginnen – just dort, wo sich der ›Stängel der Birne‹ befindet: Man folgt der Podzamcze und biegt sogleich in den Parkgürtel ein. Rechts erheben sich die verwitterten Mauern des **Päpstlichen Kollegs** (Papieska Akademia Teologiczna), die nahtlos in die des **Archäologischen Museums** (Muzeum Archeologiczne, ▶ S. 78) übergehen.

Flaneure bleiben auf der breiten Promenade, wer sich auf Seitenwege begibt, lernt auf Denkmälern polnische Helden kennen: so zum Auftakt **Boy-Żeleński,** einen gewieften Satiriker, und **Grażyna** und **Litawor,** Hauptfiguren in einem Poem des Nationaldichters Adam Mickiewicz.

Rechts scheint die **Franziskanerkirche** **1** auf – eine der wichtigsten Sehenswürdigkeiten der Stadt. In der 1255 von Franziskanern gegründeten Kirche leuchten aus der Dunkelheit des Raums Glasfenster in glühenden Farben und fließenden Formen. So lichtet Gott über dem Haupteingang das Chaos des Kosmos, andere Fenster zeigen die Schöpfungsgeschichte. Die Glasmalereien stammen vom Jugendstilkünstler Stanisław Wyspiański, ebenso die bunten Blumen- und Sternornamente an Wänden und Decken. Über die Mater-Dolorosa-Kapelle gelangt man in den gotischen, mit Porträts der Krakauer Bischöfe geschmückten Klosterkreuzgang.

Zum Andenken an die Söhne der Stadt

Nach dem Queren der Franciszkańska passieren Sie den **Erzbischöflichen Palast** **2** (Pałac Arcybiskupi), wo im Innenhof ein Denkmal zu Ehren des polnischen Papstes steht: Ab 1963 lebte hier Karol Wojtyła als Krakauer Erzbischof, vier Jahre später ernannte man ihn zum Kardinal. Oft brennen Kerzen vor der Mauer – eine nicht endenwollende Totenwache für den im Jahr 2005 Verstorbenen.

Der Grünstreifen wird vorübergehend ein wenig schmaler und führt am **Universitätsviertel** vorbei – unverkennbar aufgrund der vielen jungen Leute, die hier die Parkbank drücken, aber auch dank **Nikolaus Kopernikus,** den ein Denkmal als Krakaus berühmtesten Studenten ausweist.

Kopernikus steht seiner Universität noch immer nahe …

INFOS/ÖFFNUNGSZEITEN

Franziskanerkirche (Kościół Francisz-kanów) `1`: plac Wszystkich Świętych 5/ ul. Franciszkańska s/n, tgl. 6–19.30 Uhr

Erzbischöflicher Palast (Pałac Arcy-biskupi) `2`, ul. Franciszkańska 3, tgl. 9 Uhr bis zur Dämmerung

Kunstbunker (Bunkier Sztuki) `3`: plac Szczepański 3-A, http://bunkier.art.pl, Di–So 11–19 Uhr, Eintritt abhängig von der jeweiligen Ausstellung, meist 3 €

Kunstpalast (Pałac Sztuki) `4`: plac Szczepański 4, http://palac-sztuki.kra kow.pl, Mo–Fr 8.30–18, Sa/So 10–18 Uhr, Eintritt abhängig von der jeweiligen Ausstellung, meist 2,50 €

Kapelle des hl. Kasimir (Kościół św. Kazimierza) `5`: ul. Reformacka 4, www.ofm.krakow.pl, unregelmäßig geöffnet, bitte klingeln und eine Spende bereithalten.

Czartoryski-Museum (Muzeum Książąt Czartoryskich) `8`: aul. św. Jana 19, www.mnk.pl, Neueröffnung geplant Dez. 2019

Arsenal (Arsenał, Galeria Sztuki Starożytnej) `9`: ul. Pijarska 8, www. mnk.pl, Di–So 10–16 Uhr, 4 €

Piaristenkirche (Kościół Pijarów) `10`: ul. Pijarska s/n, tgl. 9–19 Uhr, Eintritt frei

---

KULINARISCHES FÜR ZWISCHENDRIN
Zum Kunstbunker gehört das bei den Krakauern beliebte **Café Bunkier Sztuki**

`1` (tgl. 9–2 Uhr): Blicken Sie ins Grüne und lassen Sie sich von leiser Jazz- oder Bluesmusik einlullen – ein guter Ort für einen Kaffee oder einen Cocktail, auch Kleinigkeiten zum Essen gibt es. Wünschen Sie es ruhiger, so besuchen Sie die auf der Ostseite der Planty unweit des Słowacki-Theaters gelegene **Café Art.Gallery Zakopianka** `2` (ul. św. Marka 34-A, www.estrada.net.pl, meist 12–21 Uhr): eine tolle Lage, doch erwarten Sie bitte keinen 1-A-Service!

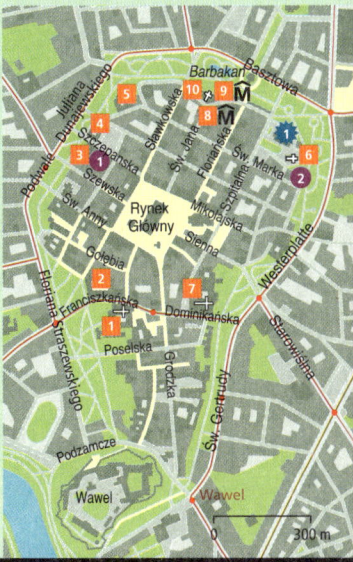

Cityplan: C–E 3–7 und F 4/5 | **Tram** 6, 8, 10, 13, 18, Wawel

Kunstgenuss

Auf die Wissenschaft folgt die Kunst: Hinter einer von Efeu überwucherten Fassade verbirgt sich der **Kunstbunker** `3`. Schon die in Beton gegossene Architektur ist den konservativen Krakauern ein Dorn im Auge, noch mehr aber die hier gezeigten Ausstellungen: Die umfangreiche Palette reicht von Video- und Multimedia-Installationen bis hin zu minutiös gemalter Kirchenkritik.

Ein weniger provokatives Programm bietet ein paar Meter weiter der **Kunstpalast** `4`, ein Tempel im Stil der Wiener Sezession mit wechselnden Ausstellungen zu Malerei und Fotokunst.

Erinnerung an die Toten

Einen Ruhepol ganz anderer Art entdeckt man etwas abseits in der **Reformacka.** Rings um einen kleinen Garten wurde ein Kreuzweg angelegt, der Christi Passion volkstümlich in Szene setzt. In der gegenüberliegenden, in den Jahren 1666–72 erbauten **Kapelle des hl. Kasimir** 5 werden Tote um ihre letzte Ruhe gebracht: Klingelt man am Seiteneingang, eilt ein Franziskanermönch herbei und öffnet eine Falltür, über die man in die dunkle Kirchengruft hinabsteigt. Dort ist es trocken und kühl. Die ca. 50 am besten erhaltenen Körper sind in offenen Särgen ausgestellt: so ein zwölfjähriges Mädchen und ein napoleonischer Soldat, vier Mönche und eine junge Frau im Brautkleid. Nach dem Besuch im Reich der Toten freut man sich über Tageslicht …

Das hübsche Denkmal an der Nordwestecke der Planty ehrt **Lilia Weneda,** die Heldin eines Słowacki-Stücks. Unentwegt spielt sie Harfe, um die Schlangen, von denen ihr Vater bedroht ist, zu besänftigen. Weniger poetisch präsentiert sich der **Ehrenhügel** (Pomnik Jadwigi i Jagiełły), auf dem zum 500. Jahrestag der Polnisch-Litauischen-Union (1466) Königin Jadwiga und ihr Mann Jagiełło verewigt wurden. Unter ihren Fittichen war Polen ein Großreich und erstreckte sich vom Baltikum im Norden bis fast zum Schwarzen Meer im Süden.

Das Gewölbe der Heiligkreuzkirche ruht auf nur einem einzigen Pfeiler (um 1300).

Theatergenuss

Vorbei an der **Barbakane** (▶ S. 29), deren zierliche Türme aus dem Blätterdach hervorspitzen, kommen Sie zum **Słowacki-Theater** ✴ (▶ S. 109), das 1893 als Miniaturausgabe der Pariser Oper erbaut wurde. Die Fassade ist üppig mit Figuren geschmückt, Allegorien der Poesie und der Musik, der Freude und der Trauer. Vor dem Theater steht eine Büste des Komödienautors Aleksander Fredro (1793–1876), im Foyer hängen Porträts von Dramatikern, Schauspielern und Regisseuren. Wenn Sie an der Kasse Karten für eine abendliche Ballettaufführung oder ein Konzert erstehen können, greifen Sie zu – allein der Aufgang ist ein Genuss!

Krakaus erstes Gebäude mit elektrischem Licht war das Słowacki-Theater.

Spalier der Klosterkirchen

Leicht zu erreichen ist von hier die **Heiligkreuzkirche** 6 (Kościół św. Krzyża) von anno 1300 (▶ S. 83). Danach laufen Sie an der Rückseite mehrerer Klosterkirchen entlang. Sehenswert ist vor allem die **Dominikanerkirche** 7 (Kościół Dominikanów) (▶ S. 82), die nach dem Brand von 1850 in neugotischem Stil wieder aufgebaut wurde.

Zurück auf den Planty, sind es nun noch zehn Minuten zum Wawel, wo die Runde startete.

→ UM DIE ECKE

Vom Barbakan an der nördlich vorgelagerten Stadtmauer sind es nur wenige Schritte zum **Czartoryski-Museum** 8. Alle warten gespannt auf seine Wiedereröffnung. Es ist das älteste Museum Polens, seinen größten Schatz, Leonardo da Vincis Gemälde »Dame mit Hermelin«, darf man vorläufig im **Nationalmuseum** (▶ S. 45) bestaunen, Rembrandts »Gewitterlandschaft mit dem barmherzigen Samariter« im Europeum. Die Adelsfamilie liebte Fülle über alles und hat nicht nur Bilder gesammelt: In den Räumen verbergen sich 86 000 Museumsobjekte, historische Erinnerungsstücke wie die 1683 vor Wien erbeuteten Türkenzelte, 250 000 Bücher und Handschriften.

Zahlreiche Exponate aus der Czartoryski-Sammlung werden derzeit im frisch renovierten **Arsenal** 9 ausgestellt. In der dortigen »Galerie der Antiken Kunst« finden sich Werke ab 3000 v. Chr., Amulette, Papyrusrollen und Skulpturen – am beeindruckendsten zwei ägyptische Mumien in ihrem Sarkophag. Ans Arsenal grenzt die im Barockstil erbaute **Piaristenkirche** 10 mit weißer Turmfassade und illusionistischen Malereien.

Für Touristen fast noch ein Geheimtipp: das Nationalmuseum

10

Feuer und Wunderwasser – **an der Weichsel**

Ein beschaulicher Weg längs der Weichsel bringt Sie zu Krakaus Gründungsmythen: erst zu einem Drachen und seiner Höhle, dann zum hl. Stanisław – Sinnbild des Kampfes zwischen geistiger und geistlicher Macht.

Hier zeigt sich, wer das Zeug zum Ritter hat: Das Ungeheuer von Krakau ist noch immer für eine Mutprobe gut.

Krak und der Drache

Am Fuße des Wawel steht in Flussnähe ein großer, bronzener **Drache** 1 *(smok)*. Kinder erklettern seinen Sockel und krallen sich an seinen Flanken fest. Doch wenn das Monster zu fauchen

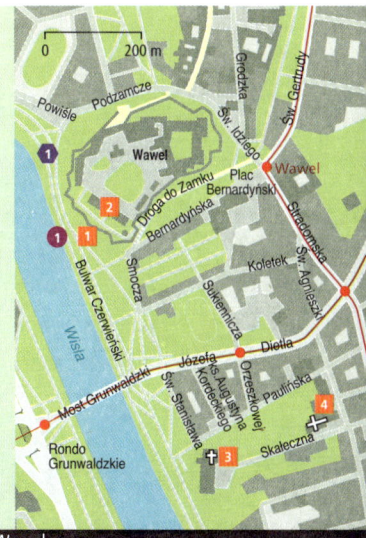

Höhle des Drachen (Smocza Jama)
2: www.wawel.krakow.pl, April–Okt.
10–17, in den Sommerferien bis 19 Uhr,
1 € (Zugang ▶ S. 37)
Paulinerkirche (Kościół Paulinów) 3:
ul. Skałeczna 15, www.skalka.paulini.
pl, Mo–Fr ab 11, Sa/So ab 15 Uhr, kein
Eintritt während der Messe, 2,50 €
**Katharinenkirche (Kościół św.
Katarzyny) 4**: ul. Augustiańska 7,
Mo–Fr 10–16, Sa 11–14 Uhr

KULINARISCHES FÜR ZWISCHENDRIN

Im Sommer liegen am Weichselufer
Gastro-Boote 1 vor Anker, in denen
man romantisch speisen kann. Zuvor
könnten Sie an einer **Bootsrundfahrt**
1 teilnehmen …

Cityplan: C 7–D 9 | **Tram** 6, 8, 10, 13, 18, Wawel

beginnt, kann es vorkommen, dass manch kleiner Knirps in Tränen ausbricht. Dem Riesenrachen
entweicht eine meterlange Flamme, die kurz auf-
flackert, dann aber erlischt, um Minuten später wieder
wieder aufzulodern.

In der nur über das Wawel-Plateau erreichba-
ren **Höhle des Drachen 2** lebte in grauer Vorzeit
ein Monster, das gern Tiere und Menschen riss.
Als es ein paar Männer töten wollten, wurden
sie von seinem Feuerstrahl erfasst und verbrann-
ten bei lebendigem Leib. Erst nach Jahren ge-
lang es, die Bestie zur Strecke zu bringen. Dazu
bedurfte es freilich eines klugen Kopfes. Den
besaß nur einer im Ort, nämlich der Schuster
Krak. Er warf dem Drachen ein mit Pech und
Schwefel ausgestopftes Schaf zum Fraß vor, das
dieser gierig verschlang. Bald schon rumorte es
in seinen Gedärmen und er schleppte sich zum
Fluss, um seinen Durst zu löschen. Er trank und
trank – bis sein Körper mit einem gewaltigen
Knall zerbarst und von den Fluten fortgespült
wurde. Krak aber wurde König und die ganze
Stadt nach ihm benannt. Im Sommer kann man
in die Höhle des Drachen hinabsteigen und ein
kurzes Stück des weitläufigen Kalksteinlaby-
rinths besichtigen.

Sind Sie Anfang Juni
in Krakau? Dann
erleben Sie vielleicht
die **Drachenparade,**
eine Prozession schriller
Riesendrachen, die vom
Marktplatz zur Weichsel
zieht. Dort findet ein Fest
mit Theater und Musik
statt, zum Abschluss gibt
es ein großartiges Feuer-
werk (www.parada
smokow.pl).

Gesundbrunnen

Auf einem Weichselkliff steht die **Paulinerkirche** ❸, oft auch nur Skałka (der Felsen) genannt. Durch einen Triumphbogen gelangt man in einen romantischen Klostergarten mit Brunnen, aus dessen Mitte sich die Figur von Polens Schutzpatron, des Krakauer Bischofs Stanisław, erhebt.

Wie man hört, fiel 1079 ein Finger des Bischofs in dieses Wasser, das seitdem wahre Wunder tut. Wie es dazu kam, liest sich wie folgt: König Bolesław II. (reg. 1076–79) wollte, dass die Geistlichen ihm, dem Landesherrn, und nicht dem fernen Papst untertan sein sollten. Als er die Macht der Kleriker beschnitt, belegte ihn Bischof Stanisław mit dem Kirchenbann, worauf der König nicht lang fackelte: Höchstpersönlich soll er das Schwert geführt und Stanisławs Körper zerfetzt haben. Besagter Finger fiel in den Tümpel, die übrigen sterblichen Reste wurden heimlich verscharrt. Der Bischof wurde 1253 heiliggesprochen und seine Gebeine – nun zu Reliquien mutiert – in einem Prunksarkophag in der Wawel-Kathedrale beigesetzt.

Zur Ruhe gekommen ist der Bischof bis heute nicht: Alljährlich am 8. Mai, seinem Todestag, werden die Reliquien in einer Prozession zur Paulinerkirche getragen, womit unterstrichen wird, dass der Kirche die Macht im Staat gebührt. Eine monumentale Freitreppe geleitet in den Kirchenraum, noch spannender ist der Zugang zur schummrigen **Krypta** (durch die Tür unter der Treppe): Seit 1876 werden dort berühmte Polen beigesetzt – im ›nationalen Mauseoleum‹ ruhen u. a. der Literaturnobelpreisträger Czesław Miłosz, der Komponist Karol Szymanowski sowie die Künstler Stanisław Wyspiański und Jacek Malczewski.

Was gibt's Schöneres, als in einer warmen Sommernacht an Deck Platz zu nehmen? Die Luft ist am Fluss stets einen Tick frischer, das Wasser spiegelt die Lichter, und plätschernde Wellen sorgen für Begleitmusik. Die Gastro-Boote an der Weichsel bieten nicht nur Gastronomie!

→ **UM DIE ECKE**

An den Garten der Paulinerkirche grenzt das Augustinerkloster. Die zugehörige **Katharinenkirche** ❹ ist ein Meisterwerk der Gotik. Ihre Fassade ist von aufstrebendem Stützwerk geschmückt – im lichtdurchfluteten, weitläufigen Innenraum dominieren schlanke Strebepfeiler, die ein hohes Deckengewölbe tragen. Findet hier ein Konzert mit klassischer Musik statt, besuchen Sie es – die Akustik ist großartig!

Synagogen und Klezmerlokale – **das jüdische Kazimierz**

Die alten Bethäuser und Synagogen sind perfekt restauriert, jüdisch inspirierte Lokale laden Sie ein zu einem Konzert mit Klezmer oder galizischer Musik. Dazu entstand ein neues Szeneviertel rund um den plac Nowy. Lassen Sie sich überraschen: eine andere Welt, nur zehn Gehminuten von der Altstadt entfernt!

11

1495 hatte der König die in Krakau lebenden Juden in einen umgrenzten Bezirk der damals selbstständigen Stadt **Kazimierz** abgeschoben, um sie, wie es hieß, vor Anschlägen christlicher Mitbürger zu schützen. In ihrer neuen Heimat lebten sie im Ghetto und genossen gleichwohl königlichen Schutz. Niemand zwang sie, ihrem Glauben abzuschwören, der städtischen Gerichtsbarkeit waren sie entzogen. Viele Juden, die vor

Das Ariel war das erste auf Jüdisch getrimmte Lokal an der ul. Szeroka – damit begann die Umwandlung des Arme-Leute-Quartiers in ein Szene-Viertel.

Seit 1800 gehört Kazimierz zu Krakau. Auch der Neue Jüdische Friedhof stammt aus dieser Zeit.

Um jüdische Gerichte auszuprobieren, könnten Sie ins **Klezmer Hois** ❶ gehen. Plüschige Samtsofas, Tische mit gehäkelten Deckchen, schummriges Licht, siebenarmige Kerzenleuchter und dunkle Gemälde – so mag es einst in der guten Stube wohlhabender Juden ausgesehen haben. Spezialität des Hauses ist Gänseleber mit Mandeln und, für Verächter von Innereien, das Sesamhähnchen. Im Kellergewölbe, wo sich früher das jüdische Badehaus befand, hat der Besitzer Wojciech Ornat einen zusätzlichen Raum für Konzerte eingerichtet.

den Pogromen in Westeuropa flohen, siedelten sich in Kazimierz an, das sich rasch zu einem der wichtigsten Zentren jüdischer Kultur entwickelte. Als es den Juden 1867 wieder gestattet war, sich in ganz Krakau niederzulassen, zogen sie es doch mehrheitlich vor, in Kazimierz zu bleiben.

Ein Viertel im Wandel

Vor dem Zweiten Weltkrieg lebten in Krakau mehr als 68 000 Juden, sie machten also fast ein Viertel der Gesamtbevölkerung aus. Mit dem Einmarsch der Deutschen 1939 begann ihre systematische Ausrottung. In Podgórze (▶ S. 64) wurde ein Ghetto errichtet, diejenigen, die es überlebten, kamen in Arbeits- und Konzentrationslager.

Nach 1945 war Kazimierz lange Zeit ein Quartier für arme Leute. Erst als Steven Spielberg seinen Film »Schindlers Liste« hier drehte, begannen sich Spekulanten und Immobilienhändler für das Viertel zu interessieren. Naiv bemerkte Spielberg: »Krakau hat uns seine Geschichte geschenkt und es ließ uns auf den Seiten geöffneter Geschichtslehrbücher tanzen.« Reisegruppen aus Israel und den USA strömten nach Krakau, um die Drehorte des Films rund um die Alte Synagoge aufzusuchen. In den Folgejahren wurde das jüdische Kazimierz restauriert und schrittweise für den Tourismus erschlossen. Der besondere Reiz des Viertels liegt im Miteinander von schmerzhafter Erinnerungs- und aufbegehrender Alternativkultur, widerstreitende Milieus existieren unbekümmert nebeneinander. Kazimierz wurde in den letzten Jahren zu dem, was das Quartier Latin einmal für Paris bedeutete: In einer Vielzahl von Bars und Cafés trifft sich die Szene. Besonders gern verabredet man sich am **Neuen Platz** (plac Nowy) mit seiner skurrilen Mischung aus Lokalen, kleinem Markt und Kulturzentrum. Am Eingang zur Meiselsa lädt das **Zentrum für jüdische Kultur 1** zu Ausstellungen, Vorträgen und Konzerten ein.

Alte Synagoge

Szeroka – das Herz von Kazimierz

Einen guten Eindruck von Kazimierz bekommt, wer von der Miodowa in die **Szeroka** einbiegt. Hier befand sich einst der Mittelpunkt des jüdischen Lebens. Szeroka heißt zwar Breite Straße, ist aber in Wirklichkeit ein lang gestreckter Platz. In mehreren Lokalen wird die Vorkriegszeit heraufbeschworen.

Die **Remuh-Synagoge 2**, das kleinste Gotteshaus von Kazimierz, entstand 1553 an der Westseite der Szeroka, noch heute finden hier Gottesdienste statt. Benannt ist es nach dem Rabbiner Remuh Moses Isserle (1525–72), der hier predigte und auf dem angrenzenden Alten Friedhof beigesetzt ist. Wie durch ein Wunder hielt sein Grab der Gewalt der deutschen Besatzer stand. Jüdische Pilger aus aller Welt verehren Remuh als einen der größten Propheten seit Moses. Fast alle übrigen Gräber des Friedhofs wurden von den Nationalsozialisten geschändet: Sie rissen die Steintafeln aus der Erde und pflasterten damit die Straßen. Nach dem Krieg wurden die Tafeln zu einer 20 m langen Klagemauer zusammengestellt.

Am Südende der Szeroka steht die **Alte Synagoge 3**, das älteste jüdische Baudenkmal Polens. Es entstand im ausgehenden 15. Jh. und war nicht nur das religiöse, sondern auch das soziale Zentrum der Juden. Hier heirateten sie und nahmen Abschied von den Verstorbenen, der Gemeindevorstand traf sich zu Sitzungen. Der festungsartige Charakter kündet von der Bedrohung, die die Bevölkerung hier empfand. Im Zweiten Weltkrieg wurde die Synagoge von den Nazis ausgeraubt, nach dem Krieg restauriert und in ein Museum umgewandelt. Die hohe Halle ist von einem Rippengewölbe überspannt. In der Mitte des Raums steht eine rekonstruierte Bima,

Bis 1941 fanden in der Alten Synagoge noch Gottesdienste statt, heute ist sie ein Museum für Jüdische Geschichte und Kultur.

Viel Gold, viele Ornamente – glanzvolle Ansichten in der Tempel-Synagoge

In den Lokalen auf der Szeroka treten abends oft Gruppen auf. Mal spielen sie galizische Musik, meist aber Klezmer. Da wird aus der farbenfrohen Klangwelt jüdischer Wanderkapellen geschöpft, aus der Musik des Balkans und des Orients. Das Ergebnis ist Freude und Trauer in einem. Und man versteht, weshalb man in Kazimierz früher sagte: »Eine Beerdigung ohne Weinen ist wie eine Hochzeit ohne Klezmer.«

von der der Rabbi die Thora verlas. Gemäß jüdischer Tradition ist der Betraum weitgehend leer, nichts Überflüssiges lenkt ab von der Zwiesprache mit Gott. Nur an der in Richtung Jerusalem weisenden Ostwand steht ein Schrein, der Aron ha-Kodesch, worin die Thorarollen aufbewahrt sind. Texttafeln geben Auskunft über religiöse Riten und den Gebrauch religiöser Gegenstände; zu sehen sind auch Gemälde und Grafiken berühmter jüdischer Künstler. Eine Dauerausstellung widmet sich dem Leben der Krakauer Juden im 19./20. Jh.

Glänzend restaurierte Synagogen

Parallel zur **Józefa,** der alten Handelsstraße von Kazimierz mit vielen Galerien, Antikshops und der **Hohen Synagoge** **4** (16. Jh., mit Buchladen und Galerie), verläuft die ul. Kupa mit der imposanten, 1644 gestifteten **Isaak-Synagoge** **5**. Das Originalinterieur überrascht mit Fragmenten alter Fresken; von der Vorhalle gelangt man in einen Laden mit koscheren Lebensmitteln. Besonders schön ist die **Tempel-Synagoge** **6** in der ul. Miodowa, erbaut nach dem Vorbild des Leopoldstädter Tempels in Wien: Mit ihrer umlaufenden Galerie wirkt sie wie ein Logen-Theater, ein großartiger Raum für Konzerte – nicht nur während des Jüdischen Kulturfestivals Ende Juni!

Grabgeschichten

Seit 1800 werden Krakaus Juden auf dem **Neuen Jüdischen Friedhof** **7** beigesetzt: Dichte Baumkronen halten die Sonne fern, die Stille wird nur von Vogelgezwitscher unterbrochen. Auf windschiefen, von Moos überwucherten Grabsteinen entdeckt man hebräische, polnische und deutsche Inschriften, vertraut klingen Namen wie Gottlieb, Michal und Cohn. Gräber aus neuerer Zeit befinden sich vor dem Aussegnungssaal.

»Spuren der Erinnerung«

In einer ehemaligen Möbelfabrik erfüllte sich der englische Fotojournalist Chris Schwarz einen Traum: Nach mehreren Reisen durch Galizien, die Provinz der ehemaligen K.u.k.-Monarchie, hat er im **Galizisch-Jüdischen Museum** **8** über 130 seiner Fotos ausgestellt, mit denen die Erinnerung an jüdisches Leben wachgehalten und der unzähligen Opfer des Holocaust gedacht werden soll. Der Titel der Ausstellung lautet: »Traces of memory«. Man sieht vergessene Friedhöfe, verfallene Synagogen und Bethäuser sowie Aufnahmen vom jüdischen Festival in Kazimierz. Dazu gibt es ein großes Buchangebot, ein kleines Café und manchmal auch Livemusik.

INFOS/ÖFFNUNGSZEITEN

Auf jüdischen Friedhöfen und in Synagogen (Sa geschl.) müssen Männer die Kippa, eine Kopfbedeckung, tragen; sie wird kostenlos zur Verfügung gestellt.

Zentrum für jüdische Kultur (Centrum Kultury Żydowskiej) 1: ul. Meiselsa 17, www.judaica.pl, Mo–Fr 10–18, Sa/So 10–14 Uhr
Remuh-Synagoge (Synagoga Remuh) 2: ul. Szeroka 40, So–Do 9–18, Fr 9–15.30 Uhr, 2,50 €
Alte Synagoge (Stara Synagoga) 3: ul. Szeroka 24, www.mhk.pl, Mo 10–14, Di–So 9–17 Uhr, 2,50 €
Hohe Synagoge (Synagoga Wysoka) 4: ul. Józefa 38, www.austeria.pl, Mo–Sa 10–19 Uhr, 2,25 €, tgl. außer Sa 10–18, saisonweise bis 20 Uhr, 3 €

Isaak-Synagoge (Synagoga Izaaka) 5: ul. Jakuba 25/Ecke Kupa 18, So–Do 9–20, Fr 9–14.30 Uhr, 2,50 €
Tempel-Synagoge (Synagoga Tempel) 6: ul. Miodowa 24/Ecke ul. Podbrzezie, http://krakow.jewish.org.pl, tgl. außer Sa 9.30–18 Uhr, 2,50 €
Neuer Jüdischer Friedhof (Nowy Cmentarz Żydowski) 7: ul. Miodowa 55, So–Fr 8–18 Uhr, im Winter kürzer
Galizisch-Jüdisches Museum (Żydowskie Muzeum Galicja) 8: ul. Dajwor 18, www.galiciajewishmuseum.org, tgl. 10–18 Uhr, 4 €

KULINARISCHES FÜR ZWISCHENDRIN

Klezmer Hois 1: ul. Szeroka 6, T 12 411 12 45, www.klezmer.pl, tgl. 9–21.30 Uhr, Gerichte 7–16 €

Cityplan: E–G 7/8 | Tram 3, 19, 24, 69, Miodowa

Auf Schindlers Spuren – **im Vorort Podgórze**

1941 errichteten die Nationalsozialisten in Podgórze ein Ghetto und ermordeten Zehntausende Juden. Doch nicht nur die Orte des Schreckens und des Widerstands können besichtigt werden: Am linken Weichselufer entstand ein großes Tadeusz-Kantor-Zentrum.

Schräge Architektur für eine schräge Kunst: Die Fantasie Tadeusz Kantors wurzelte »im Verachteten, Gefährdeten, Unbemerkbaren«.

Unterm Berg *(pod górze)* – so heißt das Viertel am südlichen Ufer der Weichsel. Bislang fanden nicht viele Besucher den Weg dorthin, gab es doch, abgesehen vom Ghetto-Museum, keine historischen Stätten, die touristisch aufbereitet waren. Jetzt wurde ein Imagewandel eingeleitet. Herausgeputzt wurde bereits die Gegend um den von Bäumen beschatteten Marktplatz, an der Uferstraße entstanden ein Hotel, das

Tadeusz-Kantor-Zentrum, Bars und Cafés. Ein Touristenmagnet ist bereits jetzt die Schindler-Fabrik, in den kommenden Jahren sollen weitere durch den Spielberg-Film bekannt gewordene Geschichtsschauplätze ins touristische Bewusstsein gerückt werden – so die Villa des Lagerkommandanten Amon Goeth, einziges Relikt des gesprengten Konzentrationslagers Płaszów.

Stühle für die Helden des Ghettos

Unmittelbar jenseits der Brücke Most Powstańcow Śląskich liegt der Platz der Ghettohelden (plac Bohaterow Getta). Auf einer großen, mit grauem Granit gepflasterten Fläche stehen 70 überdimensionale Stühle. Es ist, als hätte sie jemand bestellt, aber nicht abgeholt – ein in Bronze gegossenes Provisorium.

Irgendwie befremdlich wirkt der Ort, besonders nachts, wenn die angeleuchteten Möbelstücke scheinbar schwerelos in der Dunkelheit schweben. Auf Infotafeln finden sich Erläuterungen zur Geschichte des Ghettos, im Gedenkraum der Apotheke zum Adler an der Südostseite des Platzes werden diese vertieft.

1941 hatte Generalgouverneur Hans Frank angeordnet, sämtliche Krakauer Juden in Podgórze anzusiedeln. Ein jüdisches Ghetto mit 3 m hohen Mauern entstand, dessen Grenzen am 20. März 1941 geschlossen wurden. Alle bisherigen Bewohner mussten das Arme-Leute-Viertel verlassen, nur einem einzigen Nicht-Juden war es gestattet zu bleiben. Dies war Tadeusz Pankiewicz, der in seiner **Apotheke zum Adler** 1 Medikamente ausgab und so die Arbeitsfähigkeit der Internierten sicherte. Er verkaufte allerdings nicht nur Medizin, sondern informierte auch über den Kriegsverlauf, schmuggelte Nachrichten und verhalf manch einem Juden zur Flucht. Nach dem Beschluss der Besatzer im Januar 1942, die Juden zu ermorden, gab es freilich kein Entkommen mehr, der ›jüdische Wohnbezirk‹ wurde hermetisch abgeriegelt. Wer arbeitsfähig war, musste im Lager Płaszów für die deutsche Kriegsindustrie schuften, wer nicht arbeitsfähig war, wurde erschossen oder in Auschwitz ermordet. Am 14. März 1943 wurde das Ghetto aufgelöst. Tadeusz Pankiewicz hat in seinem Tagebuch alle Ereignisse der damaligen Zeit festgehalten.

Gegenüber der Fabrik kann die in sozialistischer Zeit florierende **Glasmanufaktur** besichtigt werden. Vielleicht erleben Sie auch eine Livevorführung (ul. Lipowa 3, www.lipowa3.pl, Mo–Fr 10–16.30, Sa 10–15.30 Uhr, 4 €).

Einer von zahlreichen Bronzestühlen – wie Sperrmüll wurde das Hab und Gut der Juden auf die Straße geworfen.

Schindlers Fabrik

Quert man die Straße Na Zjeżdzie und folgt der ul. Kącik unter den Bahngleisen hindurch, gelangt man zu **Oskar Schindlers Fabrik** 2. Auf einer Plakette am Eingang ist zu lesen: »Wer ein Leben rettet, rettet die ganze Welt.« Doch wer war jener Mann, den Israel als »Gerechten unter den Völkern« rühmt und Steven Spielberg in seinem Film »Schindlers Liste« als geläuterten Menschen präsentiert?

Schindler, Sohn eines ruinierten sudetendeutschen Fabrikanten, war bereits früh in die NSDAP eingetreten und als 31-Jähriger im Tross Hitlers ins besetzte Polen gezogen. Dort übernahm

---

INFOS/ÖFFNUNGSZEITEN

Apotheke zum Adler (Apteka pod Orłem) 1: plac Bohaterow Getta 18, Mo 10–14, Di–So 9–17 Uhr, aber an jedem 2. Di des Monats geschl., 2,50 €

Oskar Schindlers Fabrik (Fabryka Schindlera) 2: ul. Lipowa 4, www.mhk.pl, Mo 10–16, Di–So 9–20 Uhr, 5,25 €, Empfehlung: Tickets online reservieren

Museum für zeitgenössische Kunst (MOCAC, Muzeum Sztuki Współczesnej): ul. Lipowa 4, www.mocak.pl, Di–So 11–19 Uhr, 3,50 €

Cricoteka (Muzeum Tadeusza Kantora) 3: ul. Nadwiślańska 2–4, www.news.cricoteka.pl, Di–So 11–19 Uhr, 2,50 €

Galerie Starmach 4: ul. Węgierska 5, www.starmach.com.pl, Mo–Fr 11–18 Uhr, Eintritt frei

KULINARISCHES FÜR ZWISCHENDRIN

Auf dem Weg zu Schindlers Fabrik ist das **Industrial resto&bar** 1 schon aufgrund seines eleganten Innendesigns einen Besuch wert, gespeist wird polnisch-mediterran (ul. Lipowa 4-A, T 12 263 86 26, http://restoindustrial.pl, tgl. 11–22 Uhr, ab 7 €).
Nahe der Cricoteka lohnt ein Stopp im **Drukarnia** 2 – mit Café und Bar, am Wochenende auch mit Konzerten im Keller (ul. Nadwiślańska 1, www.drukarniaclub.pl, tgl. 9–1 Uhr).

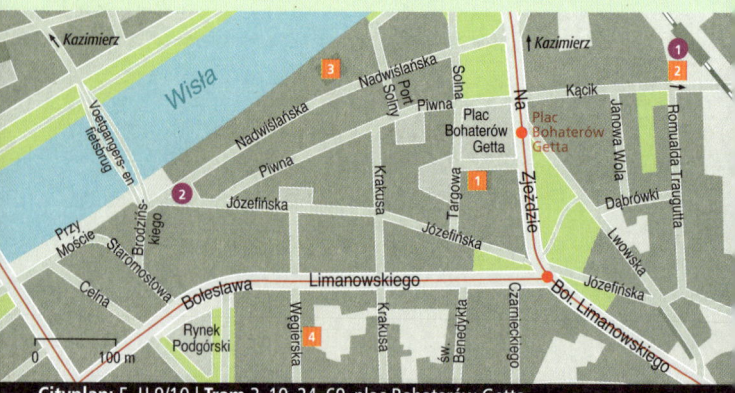

Cityplan: F–H 9/10 | Tram 3, 19, 24, 69, plac Bohaterów Getta

er die Emaillefabrik eines enteigneten Juden und verwandelte sie dank billiger jüdischer Zwangsarbeiter in ein profitables Unternehmen: Erst ließ er Emaillegeschirr, später auch Munition herstellen. Spielbergs Film, der auf einen Roman des australischen Schriftstellers Thomas Kennealy gründet, dokumentiert, wie der Unternehmer später all seine Kräfte dafür einsetzte, möglichst viele Juden durch die Auslagerung seiner Fabrik ins böhmische Brunnlitz vor dem Tod zu bewahren. Die Geretteten setzten sich nach 1945 für Schindler ein und sorgten dafür, dass er ein normales Leben führen konnte: erst in Argentinien, ab 1957 in Deutschland. Nach seinem Tod im Jahr 1974 wurde er in Jerusalem beigesetzt.

Schindlers Fabrik

Die Fabrik Schindlers wurde in ein Museum verwandelt. Die Ausstellung »Krakau – Zeit der Besatzung 1939–1945« versetzt Besucher in die Zeit des Krieges, sie zeigt den Alltag der Krakauer Bewohner, die Deportation der Professoren und das Schicksal der Juden (mit Filmen, Archivfotos und O-Tönen).

Im imposanten Nebengebäude, der ehemaligen Fabrikhalle, befindet sich das **Museum für zeitgenössische Kunst** mit oft provokativen Wechselausstellungen, Buchladen und Café.

→ UM DIE ECKE

Ums Theater dreht sich alles in der **Cricoteka** **3**, die 2014 im ehemaligen Pumpwerk am südlichen Weichselufer eröffnet wurde. Sie ist dem Avantgardekünstler Tadeusz Kantor (1915–90) gewidmet, dem legendären Dramatiker, Regisseur und Maler. Mit seinem Ensemble Cricot 2 gastierte er auf Festivals in Europa, Amerika, Asien und Australien. Sein Werk war, wie Kritiker schreiben, eine »katholisch-hebräische Melange«, durchdrungen von polnischer Tragik und slawischer Melancholie. Im Museum sind Installationen, Videoaufnahmen, Manuskripte und Memorabilien zu sehen. Wechselausstellungen zeigen Performances zeitgenössischer Künstler, denen Kantor bis heute ein Vorbild ist.

Kantors Kultstück »Die Tote Klasse«: Alte Männer und Frauen wandern in ihre Kindheit zurück, gedenken ihrer Sehnsüchte und Hoffnungen …

Fünf Gehminuten entfernt, in der 1881 erbauten Synagoge von Podgórze, finden Sie die **Galerie Starmach** **4**. Ausgestellt werden dort Klassiker der polnischen Moderne.

Sozialistische Modell-stadt – **Nowa Huta**

Nowa Huta ist der Gegenentwurf zum histori-schen Krakau – hier sollte eine sozialistische Idealstadt entstehen, mit deren Hilfe man den klerikal-konservativen Geist der Königsstadt brechen wollte.

Auch Dich werden wir kriegen! Im Hof des Teatr Łaznia Nowa.

Nowa Huta (dt. Neue Hütte) entstand ab 1949 auf sumpfigem Brachland: eine für 70 000 Einwohner konzipierte Arbeiterstadt, die zu einer riesigen Eisenhütte gehörte. Breit waren die Straßen und stattlich die Wohnungen. Die medizinische Versorgung war vorbildlich, viel Geld floss in Bildung, Sport und Kultur. Doch schon 1960 entzündeten sich Proteste an der Frage, ob Arbeiter nicht eine Kirche bräuchten. Später kam Unruhe an der Produktionsfront hinzu.

Als die Versorgung schlechter wurde, pfiffen die Arbeiter auf schöne Ideale. Ab 1979 kämpften sie mit dem polnischen Papst gegen das angeblich ›gottlose Reich‹, zehn Jahre später war die sozialistische Regierung gestürzt. Heute ist das Stahlwerk im Besitz des britisch-indischen Mittal-Konzerns, der gerade mal 2000 Leute beschäftigt.

Ein ›Polnischer Nationalstil‹ der sozialistischen Art

Das Herz von Nowa Huta ist der **Zentralplatz** (plac Centralny im. Ronalda Reagana), von dem fünf Straßen abgehen. Das nördliche Halbrund ist von monumentalen Bauten gesäumt – doch nicht klassizistisch wie in der Sowjetunion, sondern überwiegend im Stil der Renaissance – mit Attiken, Kolonnaden und Freitreppen. Das **Kulturzentrum** **1**, einstiger Prunkbau an der Südwestseite, macht noch heute mit Ausstellungen von sich reden. Die von Marian Konieczny, dem ›sozialistischen Michelangelo‹, entworfene Leninstatue sucht man freilich vergebens. Nach der Wende ging sie für 100 000 Kronen nach Schweden. Heute gibt es viele Polen, die sie sich zurückwünschen – zumal sie mehr Touristen angelockt hätte als das an ihrer Stelle postierte Victory-Denkmal.

Nur wenige Schritte entfernt, im ehemaligen Kino Światowid (1957), informiert das **PRL Museum** **2** über die Jahre des Sozialismus. Interessant sind vor allem die Kellerräume, wo man erfährt, wie sich Polen auf einen Nuklearangriff in Zeiten des Kalten Kriegs einstellte.

Im Theaterviertel

Nordwärts führt die – Fußgängern vorbehaltene – **Rosenallee** (al. Roż) zum **Nowa-Huta-Museum** **3**, wo Architekturentwürfe und Fotos aus den Pioniertagen einen Eindruck von der Aufbruchszeit nach 1945 vermitteln.

1956 entstand das berühmte **Teatr Ludowy** ✹ (Volkstheater). An den kulturresistenten *hutniks* erprobten sich Polens beste Regisseure – mit nur mäßigem Erfolg: Statt der erwünschten Arbeiter reisten kulturbegeisterte Intellektuelle an. Heute sorgt in Nowa Huta ein zweites Theater, das **Łaźnia Nowa** ✹, mit Avantgarde-Aufführungen

▶ **GEFÜHRTE TOUR**

Bei Crazy Guides kann man ab 38 € p. P. eine »Communism Tour« buchen. Im altersmüden Trabi geht's nach Nowa Huta, dort in ein Privatmuseum und eine Wohnung aus der Vorwendezeit (T 0048 500 09 12 00, www. crazyguides.com).

Ob Nowa Huta wohl auch UNESCO-Weltkulturerbe wird?

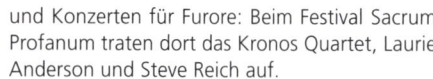

»Der Mann aus Marmor«, ein Film von Andrzej Wajda (1977), der sich kritisch mit der Stalinzeit auseinandersetzt, spielt zum Teil in Nowa Huta.

und Konzerten für Furore: Beim Festival Sacrum Profanum traten dort das Kronos Quartet, Laurie Anderson und Steve Reich auf.

Arche des Herrn

In einer sozialistischen Modellstadt durfte es per Definition kein Gotteshaus geben. Doch in den 1970er-Jahren – Karol Wojtyła war Krakauer Erzbischof – konnte den frommen Arbeitern ihr Bedürfnis nach dem »Opium fürs Volk« nicht länger abgeschlagen werden: Die 1977 fertiggestellte **Kirche** 4 präsentiert sich als ›Arche Noah‹: ein Refugium des Lebens im Meer der Ketzerei. Mit ihrer ovalen, fast fensterlosen Fassade wirkt sie wie ein hermetisch abgeschlossener Schutzraum, im Innern aber ist sie licht und weit. Wer genauer hinschaut, entdeckt Überraschendes. So stammt der Grundstein vom Grab des hl. Petrus in Rom und im Tabernakel ist ein Ruti-Kristall von der ersten Mondmission eingeschlossen. Aus 10 kg Granat- und Minensplittern, die polnischen Soldaten herausoperiert wurden, fertigte man eine Madonnenfigur; Blickfang in der Kirche ist ein Gekreuzigter, der sich seiner Auferstehung entgegenbäumt. Auch ein Gang in die Krypta lohnt sich: Dort sind archaische Pietàs des Autodidakten Antoni Rząsa ausgestellt.

Neues Stahlwerk – alter Geist

Die **Hütte Sendzimir** 5, die der Stadt ihren Namen gab, befindet sich in der ul. Ujastek Mogilski am Ostende der Stadt und ist über die Aleja Solidarności zu erreichen, die ehemalige Leninallee. Die säulenflankierte Fassade wirkt wie der Eingang zu einem Schloss – nicht umsonst wird das Werk ›Dogenpalast‹ oder ›Vatikan‹ genannt. Zuerst prangte der Name Lenins in Riesenlettern am Eingang, später der von Tadeusz Sendzimir, einem polnischen Emigranten, der es in den USA mit der Verzinkung von Blech zum Millionär gebracht hatte.

Hinter dem Palast erstreckt sich ein 1000 ha großes Areal, das von kilometerlangen Gleisen, Zufahrtsstraßen und Pipelines durchzogen ist. Haushohe, mit flüssigem Stahl angefüllte Schmelzöfen stehen in Hallen, die so groß sind, dass der Krakauer Marktplatz mehrfach darin Platz finden würde.

Für 70 000 Einwohner wurde Nowa Huta konzipiert, an Ausgaben für Bildung und Kultur wurde dabei nicht gespart.

Im Vergleich erscheint der 14 m hohe, im frühen Mittelalter pyramidenförmig aufgeschüttete **Wanda-Hügel** (Kopiec Wandy) wie ein Miniaturstück. Benannt ist er nach der legendären Tochter des Stadtgründers Krak, die sich weigerte, einen Deutschen zu heiraten, und es vorzog, zu sterben. Der Hügel liegt südlich der Fabrik, nahe der Kreuzung Ujastek Mogilski/Bardosa (Straßenbahn: Kopiec Wandy).

INFOS/ÖFFNUNGSZEITEN

Touristinfo: Punkt Informacji Miejskiej, os. Słoneczne 16, T 12 643 03 03, Di–Sa 10–14 Uhr

Kulturzentrum (Nowohuckiej Centrum Kultury) **1**: al. Jana Pawła II. 232, www.nck.krakow.pl, Öffnungszeiten je nach Veranstaltung

PRL Museum **2**: al. Jana Pawła II/ Os. Centrum E 1, www.mprl.pl, Di–So 10–17 Uhr, 2,50 €, Film mit englischen Untertiteln

Nowa-Huta-Museum (Muzeum Historyczne Nowa Huta) **3**: os. Słoneczne 16, www.mhk.pl, Di–Sa 9.30–17 Uhr, 1,75 €

Kirche Arche des Herrn (Kościół Arka Pana) **4**: ul. Obrońcow Krzyża 1, www.arkapana.pl, tgl. 6–17 Uhr

Hütte Sendzimir (Huta T. Sendzimira) **5**: ul. Ujastek Mogilski 1. Die Hütte kann zurzeit nur von außen besichtigt werden.

Teatr Ludowy ✱**1**: Os. Teatralne 34, T 12 680 21 11, www.ludowy.pl

Teatr Łaźnia Nowa ✱**2**: Os. Szkolne 25, T 12 680 23 41, www.laznianowa.pl

KULINARISCHES FÜR ZWISCHENDRIN

Essen wie einst die Stahlwerker: Das war nach 1990 lange Zeit das Motto des Lokals **Stylowa** ❶ (Os. Centrum C 3, T 12 644 26 19, www.stylowa-krakow.pl, tgl. 10–23 Uhr, ab 5 €). Seit es renoviert wurde, sind viele Besucher enttäuscht: Das heutige Restaurant belebt kaum noch die Erinnerung an sozialistische Zeiten …

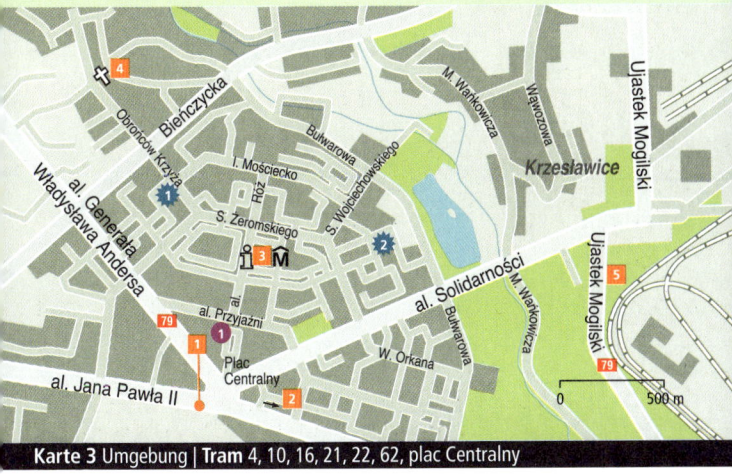

Karte 3 Umgebung | **Tram** 4, 10, 16, 21, 22, 62, plac Centralny

Unter Tage – **das Salzlabyrinth Wieliczka**

Als UNESCO-Weltkulturerbe gehört das Bergwerk zu Polens Top-Sehenswürdigkeiten. Es ist bestens erschlossen – und doch bleibt ein Nervenkitzel, wenn man über 380 (!) Stufen in die Tiefe steigt und dann durch schummrig beleuchtete Salzstollen spaziert.

Kingas Wunder

Wie so vieles in Polen beginnt auch die Geschichte des **Salzbergwerks** 1 mit einem Wunder. Als die ungarische Prinzessin Kunigunde (poln. Kinga) zur Hochzeit mit Herzog Bolesław nach Polen kam, warf sie einen Brillantring in eine Schlucht und prophezeite, dass dort, wo man ihn wiederfände, ein Schatz versteckt sei. Die Bewohner Wieliczkas stiegen in die Tiefen

Die größte Kirche unter Tage: die Kapelle der hl. Kinga

der Schlucht hinab, und tatsächlich entdeckten sie dort den Ring – auf kristallenem, weiß glänzendem ›Gold‹. Bekanntermaßen war Salz im Mittelalter das wichtigste Konservierungsmittel und ein Geschmacksverstärker obendrein – es erzielte annähernd den Preis von Edelmetall. So verwundert es nicht, dass der Fund des ›Goldes‹ mit dieser schönen Geschichte umsponnen wurde. In Wahrheit stammt das Salz aus Meeren, die vor 20 Mio. Jahren diesen Teil der Erde bedeckten, durch tektonische Verschiebungen verschüttet und später wieder an die Oberfläche geschoben wurden.

Salz, Salz und nochmals Salz

Seit Ende des 13. Jh. wurden Stollen bis zu 327 m in die Tiefe getrieben, es entstand ein Labyrinth aus unterirdischen Gängen und Kammern mit einer Gesamtlänge von über 300 km. Bergleute schlugen das Salz aus dem Stock, das dann von Pferden durch die Schächte zum Seilaufzug geschleppt wurde. Heute wird Salz nur noch in geringen Mengen gefördert, sodass ein Teil des

Alfred Döblin war vom Salzbergwerk gar nicht begeistert. 1926 schrieb er: »Ich hatte nichts erwartet, es war noch weniger: eine Sehenswürdigkeit mit Führern, Riesensälen, Ballsaal, Kunigundensaal, Piłsudski-Saal, Kapellen. Alles aus Salz, worüber ich staunen sollte. (…) Man trieb mich ›Touristen‹ wie das Vieh, sie hatten noch ein Ungetüm von Saal und noch eins in petto.« (Aus »Reise in Polen«).

Nur in Begleitung eines Führers dürfen Sie das Bergwerk erkunden, pro Führer meist 35 Leute. Aufgrund des Besucherandrangs sollten Sie die Tour schon vorher online (www.salzbergwerkwieliczka.de) oder bei der Wieliczka-Info buchen. Die Tour dauert ca. 3 Std. und wird in mehreren Sprachen durchgeführt, auf Deutsch meist zweimal am Tag – den genauen Termin bitte vorher erfragen.

Wieliczka-Info: ul. Wiślna 12-A, Kraków, T 12 426 20 50, Tickets und aktuelle Infos zur Anfahrt mit dem Bus oder – noch besser – mit dem Zug Salzbergwerk (Kopalnia Soli Wieliczka) 🔟 : ul. Daniłowicza 10, T 12 278 73 02 www.salzbergwerkwieliczka.de, April–Okt. tgl. 7.30–19.30, Nov.–März 8–17 Uhr; geschl. Neujahr, Ostern, 1. Nov., 4., 24.–26. und 31. Dez., 22–24 €, Fotoerlaubnis kostet extra. Ein Teil der Route ist rollstuhl- und rollatorfreundlich (vorsichtshalber reservieren).

KULINARISCHES FÜR ZWISCHENDRIN
Vielleicht müssen Sie ein wenig Zeit bis zum Beginn der deutschsprachigen Tour überbrücken? Dann empfiehlt sich – gleich am Eingang zum Salzbergwerk – die **Karczma Halit** ❶ (ul. Daniłowicza 9, Wieliczka, T 12 291 36 08, http://halitrest.pl, 9–21 Uhr, Suppen ab 3, Gerichte ab 5 €). Gut schmecken die klassischen polnischen Speisen. Aber auch unter Tage brauchen Sie nicht zu verhungern: eine Imbissstube und eine Bergmannsgaststätte stehen zur Wahl.

Cityplan: Karte 3 | **Anfahrt:** mit dem Pkw 15 km in südöstl. Richtg.; mit dem Zug ab Hauptbahnhof Dworzec Główny etwa alle 30 Min. bis Wieliczka Rynek-Kopalnia

Bergwerks, das seit 1978 Welterbe der UNESCO ist, besichtigt werden kann.

Unterirdisches Labyrinth

Kenntnisreich und humorvoll weiht Sie der Fremdenführer (vielleicht auch eine Führerin) in die Geheimnisse des Bergwerks ein. Sie besichtigen zahllose Gänge, Abbauschächte und Kammern, kommen an finsteren Abgründen und spiegelglatten Seen vorbei. Spektakulär ist die aus dem Salzstock geschlagene Kapelle der hl. Kinga, die »größte Kirche unter Tage« – mit Skulpturen, Reliefs und Altären (1895–1927). Die salzhaltige Luft ist trocken und für Asthmatiker ideal (das ganze Jahr über 14 °C), der ideale Ort für ein Sanatorium! Zum Abschluss fahren Sie mit einem Förderkorb (darin könnte es eng werden!) zurück an die Oberfläche.

Gedenkstätte Auschwitz

15

»Ausflug zum UNESCO-Weltkulturerbe Auschwitz« – mit diesen unverfänglichen Worten werben Krakauer Reisebüros für einen Besuch im größten nationalsozialistischen Vernichtungslager, einer industriellen Tötungsmaschinerie. Allem routinierten Gedenktourismus zum Trotz bleibt eine Fahrt nach Auschwitz verstörend.

Aus eisernen Lettern

Alle haben den NS-Propagandaspruch »Arbeit macht frei« schon einmal gehört oder gesehen: Er steht, aus Eisen gefügt, am Eingangstor des ehemaligen **Stammlagers 1 von Auschwitz** [1], durch das sich im Zweiten Weltkrieg Tausende von Häftlingen den Weg bahnten. Sie ahnten wohl nicht, dass die Freiheit für sie zum Synonym für Tod werden würde. In der **Dokumentationsstätte** sieht man ihre Bilder: Sie wurden fotografisch erfasst, ihr Einlieferungs- und Todesdatum

Was von den Menschen, die in Auschwitz ermordet wurden, bis heute blieb: Brillengestelle, Zehntausende von Schuhen … Zuerst wurden ihnen die Schuhe geraubt, dann die Brillen, dann die Zähne aus Gold …

Auschwitz-Birkenau

säuberlich vermerkt. Was sie am Leibe trugen, wurde ihnen abgenommen; dazu zählten Schuhe und Kleider, Brillen und Prothesen; das Zahngold wurde nach der Ermordung herausgebrochen. In Auschwitz wurden Häftlinge Opfer medizinischer Experimente und es fanden die ersten Versuche mit dem tödlichen Gas Zyklon B statt. Die Leichen derer, die an Erschöpfung, Krankheit und Unterernährung starben, endeten im Krematorium. Im Block 11 wurde gefoltert, an der Schwarzen Wand wurden Häftlinge durch Genickschuss getötet.

Geschichte der Stadt

Tafeln, Broschüren und Filme geben Aufschluss über die Vorgeschichte: Beim Überfall auf Polen 1939 hatten deutsche Truppen auch Auschwitz besetzt und – wie es im damaligen Sprachgebrauch hieß – »heimgeholt ins Reich«: Im Rahmen der Ostkolonisation war Auschwitz 1270 als deutsche Stadt gegründet worden und hatte danach mehrfach den Besitzer gewechselt. Dass sie im Jahr 1939 sogleich als Industriestandort ins Visier rückte, lag an ihrer guten Verkehrsanbindung und den ergiebigen Sand- und Kiesvorkommen. Dem Chemiekonzern IG-Farben, aus dem nach dem Krieg BASF, Bayer und Hoechst hervorgingen, schien Auschwitz zudem geeignet, die von Hitler angeordnete Produktion von synthetischem Kautschuk in Angriff zu nehmen. Dafür standen Arbeitskräfte kostenfrei im Lager bereit – und es wurden viele benötigt: Mit der Vergrößerung der Industrieanlagen im benachbarten Birkenau (Stammlager II) und Monowitz (Stammlager III) beschleunigte sich die Nachfrage nach Häftlingen.

Gleise führen nach Birkenau, wo die industrielle Vernichtung perfektioniert wurde. Und wer profitierte davon? »Die Liste der Nutznießer liest sich wie ein Firmenverzeichnis der deutschen Industrie...« (Wolfgang Sofsky)

Tötungsmaschinerie

Ab 1942 führte eine Bahnlinie zum 2 km entfernten **Birkenau** 2, einer bald schon effizienten Tötungsfabrik mit Kommandantur und Krematorien sowie 250 Baracken für Zwangsarbeiter. An der ›Rampe‹ wurden die in versiegelten Güterwaggons eintreffenden Häftlinge selektiert. Ärzte fällten die Entscheidung, ob jemand sofort vergast oder zum Arbeitseinsatz abkommandiert werden sollte. Den Zwangsarbeitern wurde eine Überlebensdauer von gera-

INFOS/ÖFFNUNGSZEITEN

Staatliches Museum Auschwitz-Birkenau (Państwowe Muzeum Auschwitz-Birkenau): ul. S. Leszczyńkiej 11, T 33 844 81 00, Anmeldung obligatorisch unter www.auschwitz.org, Juni–Aug. 8–19, Mai, Sept. 8–18, April, Okt. 8–17, März, Nov. 8–16, Dez.–Feb. 8–15 Uhr. Vor 10 und nach 16 Uhr kostenlos und auf eigene Faust, sonst im Rahmen einer geführten Tour (dt./engl., 3.30 Std., 11,25 €). Busse verkehren halbstündlich zwischen Auschwitz und dem 2 km entfernten Birkenau.

Auschwitz Jewish Center 3: Oświęcim, plac Skarbka 3, T 33 844 70 02, http://ajcf.pl/de, So–Fr 10–18 Uhr, 2,50 €

KULINARISCHES FÜR ZWISCHENDRIN

Chata Na Zaborskiej 1: Wer typisch polnisch essen will, trifft mit diesem Lokal am östlichen Ortsrand die richtige Wahl. Die Besitzerin spricht gut Englisch und kann Sie bestens beraten. Probieren Sie die Piroggen – aber bestellen Sie nicht zu viel, die Portionen sind üppig (ul. Zaborska 40, T 33 400 01 82, www.chatanazaborskiej.pl, 11–22 Uhr, Gerichte ab 5 €)!

Cityplan: Karte 3 | **Anfahrt:** mit dem **Pkw** 67 km in westlicher Richtung nach Oświęcim; mit dem **Bus** in 90 Min. ab Busbahnhof zum Parkplatz des Museums

de einmal neun Monaten zuerkannt. Insgesamt beläuft sich die Zahl der in Auschwitz ermordeten Juden auf über eine Million. Dazu kommen 250 000 nichtjüdische Polen, Sinti und Roma, sowjetische Kriegsgefangene und politische Häftlinge.

> ─────> UM DIE ECKE

Wer erfahren möchte, wie der Alltag der mehrheitlich jüdischen Stadtbewohner vor dem »Anschluss ans Reich« aussah, begibt sich ins **Auschwitz Jewish Center 3** in Oświęcim). Es ist an die Synagoge Chevra Lomdei Mishnayot angeschlossen und zeigt Ausstellungen und Filme. Auf historischen Bildern sieht man bürgerliche Familien im Sonntagsstaat, zu besonderem Anlass aufgenommene Porträts von Männern, Frauen und Kindern. Groß ist der Kontrast zu den Erfassungsfotos, die man im Stammlager sieht.

EINTRITTSKARTEN *in eine andere Welt …*
Neben dem Nationalmuseum (▶ S. 45) gibt es in Krakau viele weitere Museen, hier meine persönlichen Favoriten:

UND JETZT ENTSCHEIDEN SIE!

Archäologisches Museum
Muzeum Archeologiczne
Sa geschl., 2,50 €

○ JA ● NEIN

Bunt zusammengewürfelte Fundstücke im früheren Barfüßerkloster des Karmeliterordens: eine Steinskulptur des slawischen Gottes Światowit, ägyptische Mumien, goldene Grabbeilagen … Hübscher Klostergarten!

🗺 D 6, www.ma.krakow.pl

Bernsteinmuseum
Muzeum Bursztynu
tgl. 10–20 Uhr
Eintritt frei

○ JA ● NEIN

Sie können ihn bewundern und im zugehörigen Laden kaufen: Bernstein mit und ohne Einschlüsse, klar oder milchig, golden, braun oder rot. Gehen Sie auf Entdeckungstour.

🗺 Karte 2, D 4, www.ambermuseum.eu

Ethnografisches Museum
Muzeum Etnograficzne
Di–So 10–19 Uhr, 3,25 €

○ JA ● NEIN

Im 1414 erbauten Rathaus am zentralen Marktplatz von Kazimierz wird polnische Volkskunst ausgestellt: Trachten, Möbel, Musikinstrumente und Schnitzereien. Oft sind auch fantastische Weihnachtskrippen zu sehen.

🗺 E 9, www.etnomuzeum.eu

Haus der Hipoliten
Kamienica Hipolitów
Mi–So 10–17 Uhr
2,50 €

○ JA ● NEIN

Wie lebte eine wohlhabende Krakauer Kaufmannsfamilie? Liebevoll eingerichtete Räume geben Einblicke in bürgerliche Wohnwelten vom 17. bis zum 20. Jh. Leicht zu finden, im Schatten der Marienkirche.

🗺 E 5, www.mhk.pl

Japanisches Zentrum für Kunst und Technologie »Manggha«
Di–So 10–18 Uhr
5 €

○ JA ● NEIN

Einer Welle gleich stemmt sich das moderne Glasgebäude am südlichen Weichselufer dem Wawel entgegen. Mit einer großen Sammlung japanischer Kunst; im angeschlossenen Lokal können Sie Sushi bestellen.
📖 C 8, http://manggha.pl

Józef-Mehoffer-Haus Dom Józefa Mehoffera
Di–So 10–16 Uhr
2,50 €

○ JA ● NEIN

Elegantes Haus mit Zeichnungen und Entwürfen des Jugendstilkünstlers Józef Mehoffer. Auch die Stationen der Passion Christi in der Kapelle der Franziskanerkirche stammen von ihm!
📖 B 4, http://mnk.pl

Museum der polnischen Luftfahrt (Muzeum Lotnictwa Polskiego)
Di–So 9–17 Uhr, 3,75–6 €

○ JA ● NEIN

In dem Museum 4 km östlich der Altstadt sind über 200 historische Flugzeuge und Motoren ausgestellt, darunter auch Unikate, die der Deutschen Luftfahrtsammlung Berlin entstammen.
📖 östl. H3, www.muzeumlotnictwa.pl

Museum der Geschichte der Fotografie/Muzeum Historii Fotografii im. Walerego Rzewuskiego
Mo/Di geschl., 2 €

○ JA ● NEIN

Hier wird die Entwicklung der Technik von Pionier- bis zu heutigen Digitalkameras nachgezeichnet. Zu sehen sind auch historische Aufnahmen Krakaus und Ausstellungen polnischer Fotokünstler.
📖 A 2, www.mhf.krakow.pl

Museum der Heimatarmee/Muzeum Armii Krajowej
Di–So 11–18 Uhr, 3,25 €

○ JA ● NEIN

Auch das ist Polen: Unter der gegenwärtigen konservativen Regierung stehen Erinnerungen an die Untergrundaktivitäten der polnischen Heimatarmee 1939–1945 hoch im Kurs.
📖 F 1, www.muzeum-ak.pl

Krakauer Museumslandschaft

Krakau verfügt über zahlreiche Museen, die zu den besten Polens zählen. Nicht nur die Architektur all dieser Orte beeindruckt, sondern oft auch die multimediale Präsentation, die auf sinnliche Erfahrung setzt.
Polnische Malerei und Bildhauerkunst des 19. Jh. erleben Sie in den **Tuchhallen** (▶ S. 21), moderne Malerei im Hauptsitz des **National-museums** (▶ S. 47) und im **Museum für zeitgenössische Kunst** (▶ S. 66). Wollen Sie in das Goldene Zeitalter der Stadt eintauchen, ist der Besuch des **Wawel** (▶ S. 33) unverzichtbar: Über fast 600 Jahre wurden von hier die Geschicke Polens gelenkt. Wichtiger Anlaufpunkt ist auch der **Rynek:** mit dem **Historischen Museum** zur Geschichte der Stadt und dem **Unterirdischen Markt** (▶ S. 23). In den Museen von **Kazimierz** (▶ S. 59) und **Podgórze** (▶ S. 64) werden Sie mit dem Kriegsalltag unter deutscher Herrschaft und der untergegangenen Welt der Juden konfrontiert.

EIN PAAR TIPPS

Eine **Sammelkarte** für alle Filialen des Nationalmuseums bekommen Sie in sämtlichen Dependancen (http://mnk.pl). Für das Historische Museum und seine Filialen gibt es keine Sammelkarte, doch wurde an der Westseite der Tuchhallen ein **Visitor Services Centre** (www.mhk.pl, tgl. 10–20 Uhr) eingerichtet, wo Sie Einzeltickets kaufen können. Mit 2–6 € ist der Eintrittspreis vergleichsweise niedrig. Noch günstiger ist er für Kinder unter zwölf Jahren sowie Studenten und Senioren, Familien und Gruppen. Sind Sie im Besitz der **Touristenkarte** (▶ S. 111), haben Sie freien Zugang zu zahlreichen Museen. Frei für alle ist der Besuch an einem Tag der Woche, den das Museum jedes Jahr neu bestimmt. Schauen Sie deshalb bitte auf die gewünschte Website oder fragen Sie in der Touristinfo nach! Ruhetag ist fast immer Montag, häufig auch Dienstag. An Feiertagen bleiben die Museen ebenfalls geschlossen. **Wichtig:** Fast überall wird der letzte Zutritt 30, oft auch 40 oder 60 Min. vor Schließung des Museums gewährt.

Krakaus Museen gehören zu den besten Polens.

City of Literature

2013 wurde Krakau von der UNESCO in den Rang einer ›Literaturstadt‹ erhoben – nur acht Städte haben bisher diese Auszeichnung erhalten. Beim Spaziergang durch Krakau werden Sie auf unzählige Literatendenkmäler stoßen, und Sie können interessante Cafés kennenlernen, in denen sich der literarische Nachwuchs tummelt.

Blues zwischen Büchern
Café Philo 🗺 Karte 2, E 5
Am Donnerstagabend findet hier (vorerst zumindest) ein Bluskonzert statt. Aber auch sonst lohnt sich der Besuch bei den zwischen Bücherregalen versteckten jungen Leuten: Dies ist ein Café mit subkulturellem Touch.
ul. św. Tomasza 30, 10–24 Uhr

Unter künstlerischer Leitung von ...
Café Szafé 🗺 C 6
Ein ähnliches Publikum wie im benachbarten Literatencafé **Massolit** (▶ S. 99): Krakauer Intellektuelle und Expats lieben das von zwei Künstlern geleitete Szafé, bestellen gern starken Kaffee oder, wenn's kühl ist, heiße Schokolade. Im hinteren Raum werden Fotos und Filme gezeigt oder Konzerte gegeben.
ul. Felicjanek 10, www.cafeszafe.com, Mo–Fr 9–1, Sa/So 10–1 Uhr

Books to go
De Revolutionibus. Books&Cafe 🗺 Karte 2, D 5
Hübscher Buchladen mit interessanter Auswahl auch englischer Titel. Bewährtes Rezept: Bei einer Tasse Kaffee das Buch anlesen – und wenn's gefällt, kaufen und zu Hause weiterlesen! Neuerdings auch leckere Smoothies und Cocktails.
ul. Bracka 14, http://derevolutionibus.com.pl, im Sommer Mo–Fr 9–20, Sa/So 10–18 Uhr, im Winter kürzer

Jüdisches Erbe
Café Cheder 🗺 Karte 6, F 8
Dieses Café passt wunderbar nach Kazimierz. Bestellen Sie israelischen Kaffee, werfen Sie einen Blick auf die Buchregale (auch englische Bücher habe ich entdeckt) und erfreuen Sie sich am kostenlosen WLAN. Abendliche Vorlesungen, Filme und Konzerte haben fast immer etwas mit dem jüdischen Erbe zu tun.
ul. Józefa 36, www.cheder.pl, tgl. 10–22 Uhr

Junge Künstler, schnelles Netz
Tribeca Café 🗺 Karte 2, D 4
Das kleine Café, ein beliebter Treff junger Künstler, ist das Eingangstor zur Kamienica Szolayska, einem Ausstellungsgebäude aus dem 17. Jh. Besonders gern werden frische Baguettes und der hausgemachte Käse- bzw. Schokoladenkuchen bestellt. Und ganz nebenbei genießen Sie auch schnelles und kostenloses WLAN.
plac Szczepański 9, http://mnk.pl, Di–Sa 10–18, So 10–16 Uhr

Altes muss dem Neuen weichen
Empik/Matras 🗺 Karte 2, D 5
Krakau war im 16. und frühen 17. Jh. das Zentrum des polnischen Buchhandels. 1610 wurde der Buchladen Matras am Krakauer Marktplatz eröffnet – als Erster auf dem europäischen Kontinent! 2017 wurde er an die Empik-Kette verkauft…
Rynek Główny 23, www.empik.com/salony-empik, Mo–Fr 9–20, Sa 10–18, So 11–18 Uhr

Schwerpunkt Reisebuch
Bo-no-bo 🗺 Karte 2, E 5
Anna und Veronika betreiben ein gemütliches Café im hinteren Teil ihres Reisebuchladens. Fragen Sie auch nach kommenden Lesungen und Konzerten!
Mały Rynek 4, www.bo-no-bo.pl, Mo–Sa 11–24, So 15–21 Uhr

Kirchen, Pomp und Passion

Es hat etwas Beruhigendes, in einer polnischen Kirche zu sein. Der dunkle Raum ist noch vom Weihrauch der letzten Messe erfüllt. Menschen strömen herein, benetzen die Stirn mit Weihwasser, bekreuzigen sich und gehen tief in die Knie. Sie streben den Beichtstühlen zu, wo sich bereits lange Schlangen gebildet haben. Junge Leute sind darunter, Frauen, die man eher auf dem Laufsteg als in einer Kirche vermuten würde, und biznesmeni mit dunklem Anzug. Sie befreien sich von der Last der Sünde, um im Anschluss frisch geläutert Gottes Wort zu hören.

87 % der Bevölkerung bezeichnen sich als gläubige Katholiken, allerdings geht nur noch die Hälfte von ihnen sonntags zur Messe. Zur Wahl stehen in Krakau mehr als 100 Kirchen. Und während in Deutschland jede dritte Kirche von Schließung, Verkauf oder Abriss bedroht ist, erwägt man in Krakau, neue zu bauen. Sind Sie des Polnischen mächtig, empfehle ich Ihnen, selber mal eine Messe zu besuchen. Denn dort wird alles verhandelt, was die Menschen bewegt. So erfahren Sie vielleicht, dass Abtreibung immer noch Mord und die Pille ein Werk des Teufels ist, dass Konsum den Menschen nicht glücklich macht und man sich wehren muss gegen Putin. Sprechen Sie kein Polnisch, so können Sie sich am Gesang erfreuen: Herrscht in Deutschland ein leises, fast verschämtes Summen vor, erlebt man in Polen einen kraftvoll-mitreißenden Chor. Deutsche Katholiken staunen über die inbrünstige Frömmigkeit der Polen und fragen sich, ob ihnen vielleicht ihr Verstand im Verhältnis zu Gott im Wege steht. Sie wollen Gott verstehen, um ihm vertrauen zu können. Die Polen stellen derlei Bedingungen nicht: Sie bringen Gott ein Urvertrauen entgegen, das über jeden Zweifel erhaben ist. Und bis heute verehren sie ihren verstorbenen polnischen Papst Johannes Paul II. (www.iyp.me/thepope), als säße er noch immer im Vatikan. An seinem Geburtsort, in Wadowice, herrscht bis heute an jedem Wochenende Hochbetrieb!

Dominikanerkirche
Kościół Dominikanów
🏛 Karte 2, E 5

Die 1250 erbaute Dreifaltigkeitskirche der Dominikaner wurde 1850 durch einen Brand zerstört, danach in neogotischem Stil wieder aufgebaut und neu ausgestattet. Erhalten blieben die mittelalterlichen Kreuzgänge des Klosters und die Seitenkapellen aus der Zeit der Renaissance und des Barock. Sehenswert sind vor allem die von den Castellis um 1630 in Auftrag gegebene Zbaraski-Kapelle und die um 1700 von Baldassare Fontana erbaute Kapelle des hl. Jacek. Aus der Werkstatt von Veit Stoß stammt die Grabplatte für den italienischen Dichter und Gelehrten Filippo Buonacorsi (gest. 1496): eingemauert in die Sakristei neben dem Eingang.
ul. Stolarska 12, Straßenbahn: plac Wszystkich Świętych, tgl. 6.30–20 Uhr

Florianskirche
Kościół św. Floriana 🏛 E 3

Das barocke Gotteshaus wurde bereits Ende des 12. Jh. erbaut, dann aber mehrmals zerstört und immer wieder neu aufgebaut. Es steht an der Nordseite des Matejko-Platzes und ist nach dem hl. Florian benannt, dessen Gebeine 1134 von Italien nach Krakau überführt wurden. Florian, ein christlicher römischer Bürger, war unter der Herrschaft Kaiser Diokletians hingerichtet worden. Die Florianskirche galt lange Zeit als geweihter Ort: Starb ein polnischer König, so wurde er hier aufgebahrt, bevor er seine letzte Reise zum Wawel antrat.

ul. Warszawska s/n, Straßenbahn: Basztowa, tgl. 6–19.30 Uhr

Heiligkreuzkirche

Kościół św. Krzyża Karte 2, E 4
Die um 1300 entstandene Kirche steht in Sichtweite des Słowacki-Theaters: Ihr hohes Gewölbe ruht auf einem einzigen Pfeiler, was den Innenraum leicht und luftig erscheinen lässt. Im frühen 15. Jh. schufen zwei Krakauer Meister namens Jan und Piotr das bronzene Taufbecken.

plac św. Krzyża 23/Ecke plac św. Ducha, Straßenbahn: Lubicz, tgl. 6–19.30 Uhr

Herz-Jesu-Basilika

Bazylika Najśw. Serca Pana Jezusa F 5
Die um 1910 entstandene Jesuitenkirche liegt an der von der Altstadt ostwärts hinausführenden Kopernikallee: ein Ort der Stille auf dem Weg zum **Botanischen Garten** (▶ S. 84). Bleiglasfenster tauchen das Innere in ein geheimnisvolles Licht, jeder Quadratmeter ist mit Blattgold und Pastellfarben ausgemalt. Nur ein paar Schritte entfernt, am Haus der Ärztegesellschaft an der Ecke Kopernika/Radziwiłłowska, kann man gleichfalls herrliche Buntglasfenster bewundern – sie stammen vom Jugendstilkünstler Stanisław Wyspiański, von dessen Werk Sie gewiss schon beim Besuch der Franziskanerkirche (▶ S. 52) begeistert waren.

ul. Kopernika 26, Straßenbahn: Poczta Główna, tgl. 10–12, 15–19 Uhr

Bernhardinerkirche

Kościół św. Bernardyna D 7
Erstmals erbaut wurde sie im 15. Jh. Nach seiner Zerstörung durch die Schweden (1655) wurde das für die 200 Jahre zuvor angesiedelten Bernhardiner erbaute Gotteshaus in barockem Stil rekonstruiert – nach dem Vorbild der römischen Kirche Il Gesù. Prunkvoll ist ihr in Gold getauchter Hauptaltar, künstlerisch wertvoll die Skulptur der Anna Selbdritt aus der Werkstatt von Veit Stoß in der Kapelle links vom Hauptaltar.

ul. Bernardyńska 2, www.bernardyni.com.pl, Straßenbahn: Wawel, tgl. 6–10, 18–19 Uhr

Kirchenfenster von Wyspiański

Fronleichnamskirche

Kościół Bożego Ciała F 8
In Konkurrenz zur Krakauer Marienkirche wurde 1405 in Kazimierz, das damals eine eigenständige Stadt war, die Fronleichnamskirche erbaut. Das gotisch-monumentale, aus Back- und Haustein errichetete Gotteshaus ragt 70 m in die Höhe und ist im Innern vorwiegend barock ausgestattet. Sehenswert sind die Glasmalereien im Chorraum und die sakralen Skulpturen. Als der schwedische König Karl X. Gustav im Jahr 1655 Krakau belagerte, hatte er sein Quartier im angrenzenden Kloster mit Säulenkreuzgängen.

ul. Bożego Ciała 26, www.bozecialo.net, Straßenbahn: plac Wolnica, tgl. 9–12, 13–19 Uhr

Pause. Einfach mal abschalten

Den Parkgürtel der Planty haben Sie schon kennengelernt – ein Paradies für Tagträumer (▶ S. 51). Auch außerhalb der Altstadt gibt es Orte, an denen Sie ins Grüne abtauchen und dem städtischen Trubel entfliehen können.

Błonia-Wiesen
Błonia 🗺 A 5
Jogger, Radler und Familien: Sie alle lieben diesen Park, und mit fast 50 ha ist er so groß, dass auch Ruhebedürftige hier ein stilles Eckchen finden können. »Habt keine Angst« lautete das Motto, unter dem sich 1979, 1983 und 1989 auf den Wiesen jeweils mehr als 1 Mio. Menschen versammelten, um ›ihren‹ Papst Johannes Paul II. zu empfangen.
<small>al. Focha/al. 3 maja, Straßenbahn: Cracovia</small>

Botanischer Garten
Ogród Botaniczny 🗺 H 4/5
Der romantische Universitätsgarten liegt östlich der Altstadt und wurde am Ende des 18. Jh. auf Wunsch der Adelsfamilie Czartoryski angelegt. Verschlungene Wege führen durch das Dickicht mit Rosarium und Herbarium, vorbei an kleinen Teichen und Wasserspielen. In mehreren Gewächshäusern taucht man in andere Klimazonen: einmal ist es ein tropischer Dschungel, dann ein Palmenhain, ein Orchideengarten oder ein Refugium für fleischfressende Pflanzen. Am Eingang zum Garten befindet sich eine kleine **Sternwarte** (Obserwatorium Astronomiczne).
<small>ul. Kopernika 27-A, T 12 421 26 20, Straßenbahn: Rondo Mogilskie, tgl. 9–19, Gewächshäuser (szklarnie), Fr geschlossen, 2,25 €</small>

Kościuszko-Hügel
Kopiec Kościuszki 🗺 westl. A 7
Zu Ehren des Nationalhelden Tadeusz Kościuszko wurde im westlichen Vorort

Krakauer Biker lieben den 422 ha großen Wolski-Wald.

Zwierzyniec in den Jahren 1820 bis 1823 ein über 300 m hoher Hügel aufgeschüttet. Erde von Schlachtfeldern, auf denen er Ruhm erwarb, wurde darin eingelagert. Um den Hügel errichteten die österreichischen Besatzer 30 Jahre später einen Befestigungsring. Zur Anlage gehören eine neugotische **Kapelle,** ein **Wachsfigurenkabinett** polnischer Helden sowie ein kleines **Museum,** das an den Heldenmut von General Kościuszko im amerikanischen Unabhängigkeitskrieg und beim Aufstand gegen die russischen Besatzungstruppen 1794 erinnert. Vom Hügel blickt man bei klarem Wetter bis zu den Bergen der Hohen Tatra.

al. Waszyngtona 1, www.kopieckosciuszki.pl, Bus 100 ab Rondo Grunwaldzkie bis Haltestelle Kopiec Kościuszki, 9.30–16.30 Uhr, 3,50 €

Rakowicki-Friedhof

Cmentarz Rakowicki 🗺 F–G 1
Der 1803 gegründete Friedhof ist ein ›Skulpturenpark‹ mit Tausenden von Gräbern und Denkmälern. Der Maler Jan Matejko, der Komponist Karol Szymanowski, der Kabarettist Piotr Skrzynecki – sie alle ruhen hier. Ein besonders schönes Grab ist Tadeusz Kantor gewidmet. Der Theatermann starb am 8. Dezember 1990 – dem Tag, an dem er die Generalprobe zu seinem Stück »Heute ist mein Geburtstag« angesetzt hatte. Unter dem Klang von Trompeten und Posaunen folgte eine Trauergemeinde von mehr als tausend Menschen dem Leichenwagen durch die Krakauer Straßen zum Friedhof. Ein Spaziergang durch den Park ist nicht nur im Sommer ein Vergnügen – zu Allerheiligen verwandelt sich dieser in ein endloses Lichtermeer.

ul. Rakowicka s/n, Straßenbahn: Cmentarz Rakowicki

Zoo und Wolski-Wald

Ogród Zoologiczny i Las Wolski
🗺 westl. A 5/6
Der kleine Zoo liegt mitten im Wolski-Wald und ist an Wochenenden ein beliebtes Ausflugsziel von Familien. Elefanten und Antilopen kann man sehen,

E EINSIEDLER

Auf einem Berg im Südwesten des Wolski-Waldes thront das barocke Einsiedlerkloster der Kamaldulenser (Klasztor Kamedułow). Die Mönche unterwerfen sich strengen Regeln und haben nur während des gemeinsamen Gebets Kontakt miteinander. Sie kennen weder Radio noch Fernsehen, nur an fünf Tagen eines Jahres findet ein gemeinsames Mahl statt. Männliche Besucher dürfen alle 30 Minuten kurz ins Kloster hineinschauen, Frauen nur an christlichen Feiertagen.

aber auch Wolf und Fuchs, Schimpansen, Seerobben, Nilpferde und viele andere exotische Tiere. Im Umkreis des Zoos können Sie ausgedehnt wandern; Krakauer picknicken gern in einer der zahlreichen Schluchten.

ul. Kasy Oszczędności Miasta Krakowa 14, www.zoo-krakow.pl, Bus 134 ab Hotel Cracovia (ul. Kałuży) bis Haltestelle Zoo, tgl. von 9 Uhr bis Einbruch der Dunkelheit, letzter Zutritt 1 Std. vor Schließung, 4,50 €

Der Botanische Garten ist der älteste Polens, zu Fuß ist er schnell erreichbar.

ZUM SELBST ENTDECKEN

Unterkünfte im Internet
www.booking.com
www.noce.pl
www.airbnb.de
www.homeaway.com
www.wimdu.com
www.hostelworld.com

Reservierungs-zentralen
Apartamenty Kraków: ◍ Karte 2, E 4, ul. Floriańska 39, T 12 431 00 26, www.apartment cracow.com. Mehr als 40 über die Altstadt verstreute Studios und Apartments mit Küche und Bad für 2 bis 8 Pers. Old City Apartments: ◍ Karte 2, E 4, ul. Szpitalna 40, T 606 94 14 83, www.oldcityapartments. eu. Großes Angebot an Wohnungen unterschiedlichster Größen für 2 bis 20 Personen.

Hinweis
Für die im Buch genannten Adressen in der verkehrsberuhigten Altstadt wird keine Straßenbahnstation angegeben.

Angebote in Hülle und Fülle

Hätte man sich das in den 1990er-Jahren träumen lassen? Eine Vielfalt an Unterkünften rund um den Rynek und ein Hostel gleich neben einem Luxusquartier? Tatsächlich hat sich in der Königsstadt binnen weniger Jahre das Angebot an Unterkünften gleich welcher Preislage schlagartig verbessert. Das Komfortniveau reicht von der feinen Suite im restaurierten Patrizierhaus bis zum nagelneuen Apartment oder einem Privatzimmer mit Familienanschluss – für jeden Geschmack und Geldbeutel ist etwas dabei.

Hostels sind so zahlreich wie nirgendwo sonst in Europas Osten: meist von Polen geführt, die früher selbst viel gereist sind und wissen, was Traveller brauchen: ein sauberes Bett und einen Salon fürs Miteinander, ein Schließfach für die Wertsachen und Gratis-WLAN. In der Ferienzeit kann es zu Engpässen kommen, dann ist frühzeitiges Reservieren ratsam. Der Satz, Unterkünfte seien billiger, je weiter sie von der Altstadt entfernt liegen, trifft auf Krakau nicht zu. Zwar gibt es in den Vorstädten viele neue Quartiere, doch ihre Preise unterscheiden sich bei gleichem Standard kaum von denen der Altstadt. Die in diesem Buch angeführten Preise gelten, wenn nicht anders angegeben, für ein Doppelzimmer inkl. Frühstück (zzgl. Kurtaxe). Hotelpreise werden üblicherweise in Euro genannt, doch bezahlt wird meist noch in Złoty zum jeweils gültigen Tageskurs.

Im Hotel Copernicus schwimmen Sie in einem historischen Kellergewölbe.

Der Gast ist König
Warszawski Centrum 🏠 Karte 2, F 4
Ein seit Jahren bewährtes Hotel gegenüber der Galeria Krakowska, in nur zwei
Minuten sind Sie zu Fuß in der Altstadt.
Das Ambiente ist wohltuend freundlich,
die Zimmer sind sehr geräumig und gut
eingerichtet. Wählt man ein Zimmer
nach hinten, schläft man absolut
ruhig, der Ausblick auf den schattigen
Innenhof mit alten Bäumen erinnert ein
wenig an das Krakau von früher. Überall
schön ist das Marmorbad mit verspie-
gelter Decke, die Wasserhähne sind
extra leise, zusätzlich zur Heizung gibt
es einen Handtuchwärmer. Sie können
auch deutsches Fernsehen empfangen,
der drahtlose Zugang ins Internet ist
im Warszawski kostenlos. Und gibt's
mal ein Problem, sorgt Małgorzata für
sofortige Abhilfe. Das gute Büfett-Früh-
stück wird im hellen Kellergewölbe
eingenommen, der bewachte Parkplatz
befindet sich gleich nebenan.
ul. Pawia 6, T 12 424 21 00, www.hotel
warszawski.pl, Straßenbahn: Dworzec Główny,
DZ ab 64 € (Kinder bis 5 kostenlos, Kinder bis
15 zahlen nur das Frühstück)

Traditionsreich
Pollera 🏠 Karte 2, E 4
In der Habsburgerzeit war das Hotel
eines der besten der Stadt, mit der
Zeit ist sein Ruhm etwas verblasst. Im
Treppenaufgang bewundert man noch
heute die Glasfenster des Jugendstilma-
lers Stanysław Wyspiański, die Zimmer
wurden schrittweise renoviert. Von
einigen genießt man den Ausblick auf
das Słowacki-Theater.
ul. Szpitalna 30, T 12 422 10 44, www.pollera.
com.pl, DZ ab 100 €

In einem stillen Winkel
City Hostel 🏠 Karte 2, E 4
Das Hostel liegt auf halbem Weg
zwischen Bahnhof und Rynek in einer
romantischen Gasse. Es hat 18 Zimmer
für 2–11 Pers., die gern auch von
Studiengruppen gebucht werden. Fahr
räder können nicht mehr ausgeliehen
werden, dafür gibt es jetzt kostenlosen
Internetzugang. Wichtig für heiße Tage:

*Das Pollera war zur Habsburgerzeit
eines der besten Hotels der Stadt.*

Die Zimmer im dritten Stock haben
Klimaanlage.
ul. św. Krzyża 21, T 12 426 18 15, www.city
hostel.pl, pro Pers. ab 13 €

Mit Blick auf Rynek und Tuchhallen
Wentzl 🏠 Karte 2, D 5
Der eine oder andere Gast klagt, dass die
Wände zu dünn sind – doch was zählt
das angesichts der bestechenden Lage
dieses Hotels? Es befindet sich im Cella-
ris-Haus, einem Palais aus dem 15. Jh. an
der Südseite des Rynek. 18 Zimmer gibt
es, doch buchen Sie auf jeden Fall eines
mit Blick auf den Platz: Vom dritten Stock
erleben Sie Theater live rund um die Uhr!
Rynek Główny 19, T 12 430 26 64, http://
wentzl.pl, DZ ab 180 €

Dicht gedrängt
Cracow Hostel 🏠 Karte 2, D 5
Am Marktplatz, direkt neben dem noblen Wentzl, doch natürlich viel billiger.
Es gibt Räume für 2 bis 20 Personen,
zwei Küchen und Gemeinschaftsräume.
Rund um die Uhr gibt es Internet, Kaffee
und Tee gratis. Nach 24 Uhr Eingang
vom Innenhof (über ul. Bracka 4).
Rynek Główny 18, T 12 429 11 06, www.
cracowhostel.com, pro Pers. ab 13 €

Abends spielen Klezmer-Gruppen im Restaurant des Hotels Klezmer-Hois.

Fein und praktisch

La Fontaine B & B 🏠 Karte 2, D 4
Eine gute Adresse im Herzen der Altstadt. Außer mehreren Apartments sieben Zimmer im Dachgeschoss mit abgeschrägten Wänden (kein Fahrstuhl!). Sie sind in Rottönen gehalten und mit Sat-TV ausgestattet. Die Gäste teilen sich einen Gemeinschaftsraum, in dem jedes Zimmer eine eigene private Sitzecke hat. So genießt man Intimität und kann die übrigen Gäste dennoch kennenlernen. Allen gemein ist eine Küche, das Frühstück wird im Kellerrestaurant eingenommen.
ul. Sławkowska 1, T 12 422 65 64, www.bblafontaine.com, DZ ab 68 €

Am Grüngürtel

Best Western Stare Miasto 🏠 E 6
Man muss nur die Ringstraße überqueren, schon ist man in den Planty. Schön ist der nostalgisch anmutende Frühstückssaal, bei der Zimmerbuchung müssen Sie jedoch aufpassen: Im Seitentrakt gibt es moderne Räume mit Jazzmotiven und Klimaanlage, im gründerzeitlichen Haupthaus sind die Räume dunkel und klein, zur Straße hin auch laut.
ul. św. Gertrudy 6, T 12 422 76 66, www.bwkrakow.pl, Straßenbahn: Poczta Głowna, DZ ab 110 €

Aristokratisch im Palast

Gródek 🏠 Karte 2, E 5
Zentral und doch so gut versteckt, dass man sich der Stadt entrückt fühlt. Das Hotel liegt in einer kleinen Gasse am Parkgürtel, direkt neben dem Kloster der Dominikanerinnen. Es ist mit Antiquitäten fast privat eingerichtet, ganz so, als habe ein Adeliger ein Stück behaglichen Landlebens in die Stadt hinübergerettet. Es gibt einen Kamin- und einen Bibliotheksraum, jedes der 23 Zimmer ist individuell gestylt.
ul. Na Grodku 4, T 12 431 90 30, www.donimirski.com, Straßenbahn: Poczta Głowna, DZ ab 115 €

Einfach und entspannt

Mosquito Hostel Kraków 🏠 E 3
Helle Schlafsäle und Privatzimmer, Gemeinschaftsküche und Salon mit Büchern und DVDs, Wäsche- und Bügelservice, ergiebiges Frühstück – alles im Preis enthalten. Das Hostel ist rund um die Uhr geöffnet, zum Bahnhof und Rynek läuft man jeweils nur fünf Minuten.

Rynek Kleparski 4/6, 660 92 61 90, www.
mosquitohostel.com, Straßenbahn: Basztowa,
pro Pers. ab 12 €

Stylish
Pod Różą 🏠 Karte 2, E 4
Das Hotel ›Zur Rose‹ ist das älteste der
Stadt. Es liegt am Königsweg, nur eine
Gehminute vom Rynek entfernt. Gleich
beim Eintritt durch das Renaissanceportal
ist man von Eleganz umfangen, alte
Architektur paart sich mit Moderne. Die
57 Zimmer und Suiten wurden renoviert
und haben jetzt herrliche Bäder – von
italienischen Designern gestaltet, mal mit
Marmor, mal mit Sandstein und Granit
verkleidet. Zu den kleinen Extras zählen
Jacuzzi, Bademantel und L'Occitane-Kos-
metik. Das Frühstücksbüfett wird im glasüberdachten, lichtdurchfluteten Atrium
eingenommen – ein Fest für die Sinne!
ul. Floriańska 14, T 12 424 33 00, http://hotel
podroza.com, DZ ab 160 €

Erlesenes Ambiente
Copernicus 🏠 D 6
Hotel im erlesenen Ambiente eines
gotischen Palasts der ruhigen Kano-
nikergasse. Benannt ist es nach dem
berühmtesten Studenten der Universität,
Nikolaus Kopernikus, dessen Porträt die
Rezeption schmückt. Von dreistöckigen
Holzgalerien, die einen glasüberdachten
Patio säumen, gehen die 29 Zimmer
ab: Mit ihren dunklen Holzdecken und
Dielen, schweren Podestbetten und
handgewebten Teppichen erinnern sie
ans ausgehende Mittelalter – dazu
passen die original erhaltenen Fresken
aus jener Zeit. Das Haute-Cuisine-Früh-
stück wird im Patio eingenommen, im
backsteinernen Kellergewölbe befinden
sich die Sauna und ein Pool. Vom
Terrassencafé im obersten Stock blicken
Hotelgäste auf die Krakauer Dächer-
meer und den Wawel.
ul. Kanonicza 16, T 12 424 34 00, http://coper
nicus.hotel.com.pl, DZ ab 200 €

In Kajüten schlafen
Hostel na Wodzie Marta 🏠 C 9
Am Fuß des Wawel ist die Barkasse
»Marta« vertäut, ein »Hostel auf dem

Wasser«: Auf ihr können Sie mit dem
Geräusch sanft ans Ufer schwappender
Wellen vom feuerspeienden Drachen
und den in der Burg begrabenen Königen träumen. Zugegeben: die Kajüten
(11 stehen zur Wahl) sind spartanisch,
doch das Frühstück auf dem Oberdeck
– vielleicht mit Blick auf Nebelschwaden
– ist nicht ohne Reiz!
Bulwar Wołyński/Most Grunwaldzki,
T 12 452 23 03, Straßenbahn: Orzeskowej,
Kajüte 2–4 Pers. 40–72 €

Pool mit Wawel-Blick
Qubus 🏠 G 9
Das Viersternehotel, ein moderner
Glaspalast, steht am rechten Weichsel-
ufer im Viertel Podgórze – nur wenige
Minuten läuft man zur Cricoteka und
zu Schindlers Fabrik, und über eine
Fußgängerbrücke gelangt man ins Herz
des jüdischen Kazimierz. Den besten
Ausblick hat man von den zur Weich-
selseite gelegenen Räumen im 5. bis 7.
Stock (ein besonderer Tipp:) vom
Pool ganz oben. Es gibt ein hervorra-
gendes Frühstücksbüfett, und toll ist
der stündliche Gratis-Boot-Service zum
Wawel.
Nadwiślańska 6, T 12 374 51 79, www.qubus
hotel.com, DZ ab 100 €

**Auf der Suche nach der verlorenen
Zeit**
Klezmer Hois 🏠 Karte 6, F 7
Ein nostalgisches Hotel am Hauptplatz
von Kazimierz im ehemaligen jüdischen
Badehaus, eingerichtet mit Antiquitäten und Orientteppichen. Die Zimmer
im 1. Stock sind ca. 80 m² groß, am
schönsten: Nr. 14 und 19 mit Blick auf
den Szeroka-Platz. Wer geräuschemp-
findlich ist, sollte Räume zur Starowiślna
hin meiden. Alle Zimmer mit Sat-TV;
zum Ambiente passen die Jazzmusika-
näle rund um die Uhr. Das umfangreiche
Frühstück wird im plüschigen Café-
Restaurant eingenommen, in dem fast
jeden Abend Klezmergruppen auftreten.
Das ehemalige Mikwebad birgt heute
eine Galerie.
ul. Szeroka 6, T 12 411 12 45, www.klezmer.pl,
Straßenbahn: Miodowa, DZ ab 70 €

ZUM SELBST ENTDECKEN

Preise

In Selbstbedienungslokalen werden Sie schon für wenig Geld satt. Und verzichten Sie auf Fisch und Fleisch und halten sich an Teiggerichte, Suppen und Salate, können Sie auch in mittelpreisigen Restaurants mit weniger als 10 € davonkommen. Für ein nach polnischem Maßstab ›richtiges‹ Essen – dreigängig und mit Fisch oder Fleisch – zahlen Sie 15–25 €. Billige Mittagsmenüs sind in Krakau so gut wie unbekannt, fast immer wird *à la carte* gegessen. Ruhetage gibt es selten, fast immer öffnen die Lokale um 12 Uhr und schließen gegen 23 Uhr bzw. »wenn der letzte Gast gegangen ist«.

Hinweis

Bei Lokalen in der verkehrsberuhigten Altstadt wird keine Straßenbahnstation angegeben.

Ein Paradies der Vielfalt

Knödel, Kraut und Krakauer? Ja, aber nicht nur! Die Gastro-Szene der Königsstadt ist so vielfältig wie nirgendwo sonst im Land: Vom traditionsreichen Gourmettempel bis zur Milchbar, von polnisch bis japanisch wird alles geboten. Zahlreich sind die Küchen, die an die multikulturelle Vergangenheit der Stadt anknüpfen.

Von den Juden, die einst ein Drittel der Bevölkerung ausmachten, erhielt sich die Vorliebe für Süßsaures. Aus der Habsburgerzeit übernahmen die Krakauer ungarische und österreichische, ukrainische und böhmische Gerichte – und natürlich die geliebte Kaffeehauskultur. Nicht zu vergessen die Küche der Italiener, denen sich die katholisch-sinnenfreudigen Polen im Geiste verwandt fühlen. Auch von ihnen lässt man sich in Krakau gern inspirieren: Zwischen Bahnhof und Wawel gibt es in jeder Straße ein italienisches Lokal, und bald wird gewiss eines nach Bona Sforza benannt, die im 16. Jh. aus Mailand anreiste und polnische Königin wurde. Zu den exotischen Speisen des Nachbarlandes gehören die Suppen (▶ S. 95). Und natürlich kommt keine polnische Tafel ohne Teigtaschen aus. Da gibt es Öhrchen *(uszki)* mit durchgedrehtem Fleisch, große Piroggen *(pierogi)* mit Schichtkäse oder Sauerkraut, oder als süße Variante Piroggen mit Blau- oder Heidelbeeren, die mit zerlassener Butter übergossen und mit Zucker bestreut werden.

Alte Krakauer Kaffeehauskultur: das Café Noworolski in den Tuchhallen.

SO BEGINNT EIN GUTER TAG IN KRAKAU

Luftiges Bistro-Ambiente
Charlotte  Karte 2, D 4

In der halb offenen Bäckerei im Untergeschoss eines Art-nouveau-Hauses wird
all das gebacken, was anschließend im
lichten Bistro probiert werden kann:
Krakaus beste Croissants, Baguettes und
Sauerteigbrote, Quiches und Marmeladen.
Später kommen Käsekuchen und Torten
dazu, im Sommer auch Salate, im Winter
Suppen. Ungewöhnlich für Krakau ist der
große Gemeinschaftstisch, an dem man
mit Nachbarn leicht ins Gespräch kommt.
Um 18 Uhr wird er hochgeschraubt, dann
kann man auf hohen Bistro-Stühlen Platz
nehmen.

pl. Szczepański 2, www.bistrocharlotte.pl, Mo–Fr
7–24, Sa/So ab 9 Uhr

Traditionsreich
Europejska  Karte 2, D 4

Ein Café, das sich aus sozialistischer Zeit
in die Gegenwart hinübergerettet hat.
Die Einrichtung ist gemütlich, mit den
alten Plattenspielern und Koffern freilich
angestrengt nostalgisch. Dem Erfolg
tut das keinen Abbruch, v. a. Touristen
fühlen sich wohl. Sie genießen den
guten Käsekuchen; die Terrasse ist zum
Marktplatz geöffnet.

Rynek Główny 35, T 12 429 34 93,
www.europejska.pl, tgl. 8–24 Uhr

Mit großem Garten
Kolanko No. 6  Karte 6, F 8

Dank des attraktiven, begrünten Hinter-
hofs ist Kolanko vor allem im Sommer
begehrt. Neben einem reichhaltigen
Frühstücksbüfett gibt es Suppen, Salate
und schmackhafte Crêpes.

ul. Józefa 17, T 12 292 03 20, www.kolanko.
net, tgl. 8–23 Uhr, am Wochenende länger

Stilvoll
Noworolski  Karte 2, D 5

Das mit Art-nouveau-Motiven prachtvoll
ausgestaltete Café an der Ostseite der
Tuchhallen ist eines der Flaggschiffe der

*Besonders schön sitzt man im Garten
des Cafés Kolanko No. 6.*

Krakauer Kaffeehauskultur: Im roten
Saal machte sich Lenin Gedanken über
Staat und Revolution, während der
Künstler Wyspiański meist im grünen
Saal saß und sich in die Theaterkritiken
der Provinzpresse vertiefte. Heute geben
sich hier Touristen nebst wohlhabenden
Krakauern ein Stelldichein, gefrühstückt
wird auf wienerische, englische und
kontinentale Art. Im Sommer kann
man auch auf der arkadengesäumten
Terrasse Platz nehmen – mit Blick auf
die Marienkirche und das Mickie-
wicz-Denkmal.

Sukiennice, Rynek Główny 1, T 12 422 47 71,
www.noworolski.com.pl, tgl. 9–24 Uhr

Kaffee über alles
Pożegnanie z Afryką  Karte 2, E 4

Brauchen Sie morgens einen starken und
schmackhaften Kaffee? Dann ist »Jenseits
von Afrika« für Sie die ideale Adresse:
Der Kaffee wird in kleinen Porzellankänn-
chen serviert, über 30 Sorten stehen zur
Wahl: vom starken nicaraguanischen
Maragogipo bis zum magenschonenden
Kawa z Ialkami aus leicht gerösteten
Latino-Sorten. Sie sitzen auf Hockern,
die mit Kaffeesäcken überspannt sind,
und lassen sich von historischen Fotos in
jene Zeit versetzen, als das Kaffeetrinken
salonfähig wurde. Zum Café gehört auch
ein hübscher Laden!

ul. św. Tomasza 21, T 12 421 23 39,
www.pozegnanie.com, tgl. 10–21 Uhr

WO ESSEN AUF NACHHALTIGKEIT TRIFFT

Begrünter Hofgarten
Chimera 🕐 Karte 2, D 5
Im begrünten Hofgarten herrscht die beste Stimmung zur Mittagszeit. In einer langen Vitrine werden Salate angeboten, je nach Wunsch lässt man sich vier oder sechs Sorten zusammenstellen. Auch kleine Gerichte wie Gemüsecrêpes und Tortilla stehen zur Wahl, dazu gibt es frisch gepressten Saft, z. B. den wohlschmeckenden litauischen Sauerteigsaft *(kwas chlebowy litewski)*. Abends wird der Hof mit Kerzen erleuchtet.
ul. św. Anny 3, T 12 423 21 78, http://chimera.com.pl, tgl. 9.30–22 Uhr, Gerichte 3–7 €

Vielfältig und frisch
Glonojad 🕐 Karte 2, E 3
Einige Gäste kommen schon morgens hierher, richtig voll wird es aber erst mittags, wenn der Special Lunch serviert wird. Das Angebot an Speisen ist groß, reicht von Pilzsuppe über Lasagne und Falafel bis zu geräuchertem Käse, aber auch Kuchen, Crêpes mit Obst und diversen Shakes.
plac Matejki 2, T 12 346 16 77, Straßenbahn: Basztowa LOT, tgl. 9–22 Uhr, Gerichte ab 4 €

Nicht raffiniert, aber gute Qualität
Green Way Food for Life 🕐 B 4
In dem Veggie-Lokal auf dem Weg zum Audimax bekommen Sie Suppen, Säfte und Salate, auch die grandiosen Kartoffelpuffer mit Pilzrahmsauce *(placki ziemniaczane)*. Wer Exotisches bevorzugt, bestellt indische Teigtaschen *(Samosas)* und mexikanische *Enchilladas*.
ul. Krupnicza 22, T 12 431 10 27, www.greenway.pl, Straßenbahn: Teatr Bagatela, Mo–Fr 9–21, Sa/So 10–20.30 Uhr, Gerichte ab 3 €

Allein für den Kaffee lohnt sich der Besuch
Karma Coffee Roasters 🕐 C 4
Zwei Gehminuten von den Planty entfernt versteht man sich nicht nur auf perfekte Kaffeezubereitung, sondern bietet auch vegane und glutenfreie Kost an. Wenn mittags das preiswerte, täglich wechselnde Menü aufgetischt wird, ist es nicht leicht, einen Platz zu ergattern.
ul. Krupnicza 12, Mobil 662 38 72 81, www.karmaroasters.com, Straßenbahn: Teatr Bagatela, Mo–Fr 8–20, Sa/So 10–19 Uhr, Gerichte ab 4 €

Mit bunter Karte
Café Młynek 🕐 Karte 6, F 9
Hier gibt es Polnisches, Südländisches und Asiatisches. Top-Angebot ist das vegane Frühstück *(Wegańskie śniadanie)* mit gebratenem Tofu und glutenfreiem Hummus, zum ›Młynek-Frühstück‹ gehören Käse, Quark, Rührei und Marmelade. Begehrt sind auch Joghurt mit Müsli und Honig, frisch gepresster Grapefruit- und Orangensaft sowie der ›Cocktail der vier Jahreszeiten‹ *(Koktail cztery pory roku)*, ein Mix aus Apfel, Birne, Banane und Orange. WLAN ist gratis, bei schönem Wetter kann man draußen sitzen!
plac Wolnica 7, T 12 430 62 02, http://cafemlynek.com, Straßenbahn: plac Wolnica, meist 9–20 Uhr, Gerichte 3–7 €

Gut und gesund
Pod Norenami 🕐 C 4
Wählen Sie aus dem umfangreichen Menü Gerichte aus Asien und dem Fernen Osten – Tofu, Sushi, Curry-Gerichte und vieles mehr. Und lassen Sie sich nicht täuschen: Was wie ein Fleischgericht aussieht, ist es doch nicht …
ul. Krupnicza 6, Mobil 661 21 92 89, www.podnorenami.pl, tgl. 12–22 Uhr, Gerichte 5–12 €

INSTITUTIONEN UND SZENETREFFS

Der jüdische Klassiker
Ariel 🕐 Karte 6, F 8
Das Lokal in Haus Nr. 17 erinnert mit seinen Antiquitäten und Ölgemälden ans frühe 20. Jh. Viele Besucher bestellen das Pascha-Eis mit Feigen und Nüssen – angeblich war Prinz Charles

von dieser Delikatesse bei seinem Besuch begeistert. Nebenan, im Haus Nr. 18, ist vor allem der hintere Raum zu empfehlen. Dort kann man unter den Porträts bärtiger Rabbis Klassiker der jüdischen Küche probieren, z. B. die süßsaure, mit Rindfleisch angereicherte Jankiel-Suppe. Sie ist benannt nach der jüdischen Hauptfigur im polnischen Nationalepos »Pan Tadeusz«. Der Gemüseeintopf *berdyczow* ist mit Zimt und Rosinen abgeschmeckt, der jüdische Kaviar entpuppt sich als Hühnchenleber mit fein geschnittenem Ei und Gänseschmalz. Leider werden die Konzerte oft in den sterilen Kellerraum verlegt.
ul. Szeroka 17/18, T 12 421 79 20, http://ariel-krakow.pl, Straßenbahn: Miodowa, tgl. 10–23 Uhr, Gerichte 6–19 €

Très chichi

Aqua e Vino 🔊 Karte 2, D 5
Ein großformatiger Marcello Mastroianni weist den Weg ins Kellergewölbe, wo weitere Stars aus der großen Zeit des italienischen Kinos an der Wand hängen: Sophia Loren mit weit geöffnetem Mund, ein Spaghetti verschlingender Toto, Claudia Cardinale mit Weinglas. Frische Zutaten werden schonend zubereitet, auf dass ihr Eigengeschmack gut zur Geltung komme: Carpaccio von Lachs oder Rind, Pasta mit Meeresfrüchten und zum Abschluss hausgemachte

Desserts wie Schokoladensoufflé und Pannacotta mit Himbeercreme.
ul. Wiślna 5/10, T 12 421 25 67, http://aqua evino.pl, tgl. 13–22 Uhr, Gerichte 6–16 €

Mitteleuropäisch

C. K. Dezerter 🔊 Karte 2, D 5
Was Schwejk für Tschechien, ist Dezerter (Deserteur) für Polen. Das Lokal belebt den Mythos des Romanhelden, der sich in der Zeit der Doppelmonarchie mit Witz und viel List durchs Leben schlug. Dazu passen die Gerichte »aus allen Regionen der K.-u.-k.-Monarchie«. So gibt es Salat à la Erzherzog Maximilian, Schweinerücken im Sarajevo-Stil, Pute nach Pilsener Art oder ungarisches Gulasch *bogrács*.
ul. Bracka 6, T 12 422 79 31, Facebook: CKDezerter, tgl. 9–24 Uhr, Gerichte 5–9 €

Beliebter Treff

Da Pietro 🔊 Karte 2, D 5
Ein Italiener in bester Lage am Markt – gern sitzt man auf der Terrasse und beobachtet die Flanierer. Wird es kühl, zieht man sich in die mittelalterlichen Kellergewölbe zurück, wo man nicht nur Pizza und Pasta, sondern auch feinere Küche genießt. Vorwiegend italienische Weine stehen zur Wahl, der Service ist freundlich. Tipp: Wer nur wenig essen möchte, bestellt eine halbe Portion.
Rynek Głowny 19, T 12 422 32 79, www.dapietro.pl, tgl. 12.30–24 Uhr, Hauptgerichte 9–17 €

Veggie-Küche und lockeres Ambiente – im Chimera

In der ›Molkerei‹ (Mleczarnia) sitzen Sie unter Kastanienbäumen

Klein, aber fein

Introligatornia Smaku 🕐 Karte 6, F8
Auf den ersten Blick wirkt das kleine Lokal in Kazimierz gar nicht so toll, doch die glücklichen Gesichter der Gäste verraten: hier lohnt es sich zu bleiben! Freundliche Kellner servieren schmackhaft zubereitete Suppen und Salate, Fleischliebhaber könnten ein Rinderfilet mit Flusskrabben bestellen. Und nach dem großartigen Schokoladensoufflé gibt es zum Abschluss – auf Einladung des Hauses – einen Schnaps.

NUR FLEISCH GIBT RICHTIG KRAFT

So heißt es im Volksmund und darum steht Fleisch auf der Speisekarte weit oben. Aus der Zeit, da der Adel seiner Jagdlust frönte, erhielt sich die Tradition, Reh, Hirsch und Wildschwein zu servieren. Ist das Fleisch gut abgehangen und mit Wacholderbeeren und Wermut mariniert, bleibt es zart und erhält zugleich eine herbe Note. Auch für die Ente hat man ein gutes Rezept: Damit ihr Fleisch süßlich schmeckt, wird sie mit Backpflaumen und Äpfeln gebacken.

---

ul. Józefa 20, Mobil 661 11 63 51, www.introliga
torniasmaku.pl, tgl. 14–23 Uhr, Gerichte 5–18 €

Gut versteckt

Meho Café & Bistro 🕐 B 4
Der Autor des Pocket Guides nannte es (leider) »one of the city's best kept secrets«. Tatsächlich entdeckt man hinter dem Haus des Jugendstilkünstlers Józef Mehoffer ein hübsches Gartencafé, in dem man (noch) den Touristenmassen entfliehen und ein schönes Buch lesen kann.

ul. Krupnicza 26, Facebook: meho cafel,
Di–So 10–16 Uhr

Mit Garten

Mleczarnia 🕐 Karte 6, E 8
Die »Molkerei« ist das ganze Jahr über beliebt. Im Sommer sitzt man unter Obstbäumen auf Holz- und Rattanstühlen oder im Strandkorb, isst Kuchen und andere Kleinigkeiten, manchmal gibt's ein Konzert. Im Winter nimmt man drinnen Platz – in einem Raum aus alten Zeiten, bei romantischem Kerzenschein.

ul. Meiselsa 20, www.mle.pl/krakow,
tgl. 10–2 Uhr, Gerichte ab 4 €

Dunkel und gemütlich

Pod Baranem 🕐 E 7
Ob Hering, Steinpilzsuppe, Wildschwein
braten oder Rehrückenfilet – ein Gericht

schmeckt besser als das andere. Und zum Abschluss: Apfelstrudel mit Vanillesauce! Freundliche und kompetente Bedienung.

ul. św. Gertrudy 21, T 12 429 40 22, http://pod baranem.com, tgl. 12–22 Uhr, Gerichte 6–20 €

Gutes Preis-Leistungs-Verhältnis
Szara Kazimierz 🍴 Karte 6, F 7

Das Restaurant neben der Remuh-Synagoge gibt sich informell, hat einen ganz anderen Charakter als das Szara am Rynek. Es bietet Bistro-Ambiente mit Thonetstühlen und Marmortischen, an den Wänden hängen Fotos von Bohemiens, dazu erklingen leise Chansons. Gratis vorneweg gibt es hausgemachte Bagels mit Bio-Olivenöl und Fleur de Sel, danach könnte man marinierten Hering oder Lachsstartar bestellen, riesigen Szara-Salat mit Avocado und Garnelen oder Zander auf Spinat. Schön sitzt man auch im luftigen Sommergarten. Ein preiswertes Mittagsmenü gibt es täglich von 12 bis 16 Uhr.

ul. Szeroka 39, T 12 429 12 19, www.szara kazimierz.pl, tgl. 12–23 Uhr, Gerichte 6–18 €

EXPERIMENTIERFREUDIG UND UNGEWÖHNLICH

Krakaus bester Franzose
Cyrano de Bergerac 🍴 Karte 2, D 4

Elegantes, mit Antiquitäten eingerichtetes Lokal im Kellergewölbe eines Renaissancepalais. Serviert werden exquisite französische Gerichte und Weine: Wählen Sie als KVorspeise die wunderbare Foie gras – sie allein lohnt den Besuch!

ul. Sławkowska 26, T 12 411 72 88, http:// cyranodebergerac.com.pl, Mo–Sa 12–23 Uhr, Gerichte 7–20 €, günstige Angebote zur Mittagszeit

Mit Liebe zum Detail
Trezo 🍴 Karte 6, F 7

Hohe Betondecken, raumtiefe Panoramafenster und ein elegantes Bistro-Design: Das Trezo bietet eine willkommene Abwechslung in der jüdisch inspirierten Gastro-Szene von Kazimierz. Joanna und Andrzej, die weitgereisten Besitzer,

---

EXOTISCH: POLNISCHE SUPPEN

Köstlich schmeckt *żurek*, eine Suppe aus vergorenem Roggenmehl, angereichert mit Wurst und Sahne. Tradiert aus adeliger Esskultur ist klarer *barszcz*, eine säuerliche Rote-Bete-Suppe, deren Begleiter meist eine knackige Krokette ist. Kommt sie im Sommer mit saurer Sahne als Kaltschale daher, nennt man sie *chłodnik*. Unbedingt probieren sollte man *zupa grzybowa*: eine Steinpilzcreme, die in einigen Lokalen im ausgehöhlten Brotlaib serviert wird – das erhöht ihren säuerlichen Beigeschmack.

---

servieren eine entschlackte, fantasievoll variierte polnische Küche, dazu mediterrane Klassiker. Die Portionen sind sehr schön angerichtet, der Service ist perfekt. Vorneweg gibt's einen Gruß aus der Küche und zwischendurch hausgemachten Pflaumenschnaps. Abends um 20 Uhr wird ruhige Livemusik geboten, dann unbedingt reservieren!

ul. Miodowa 33, T 12 374 50 00, Mobil 508 63 06 44, http://trezo.pl, tgl. 12–23 Uhr, Gerichte 6–13 €

Französisch-korsisch
Corse 🍴 E 6

Sie entdecken das gepflegte Lokal in einer ruhigen Seitengasse unweit der Dominikanerkirche. Besonders schön sitzt man im Obergeschoss, wo es abends oft schwer ist, einen freien Tisch zu ergattern. Der ehemalige Küchenchef kam aus Korsika und hatte viele interessante Rezepte mitgebracht, die neuen Besitzer haben das Angebot noch erweitert. Viele Verehrer haben z. B. die Lammkeule und das Kalbsfleisch in Weintrauben, dazu gibt es hochpreisigen, in korrekter Temperatur servierten französischen Wein. Ein Tipp fürs Dessert: Das Johannisbeersorbet sollten Sie sich nicht entgehen lassen!

ul. Poselska 24, T 12 421 62 73, http://corseres taurant.pl, tgl. 13–23 Uhr, Gerichte 8–18 €

Israelische Restobar
Hamsa 🟣 Karte 6, F 7
In dem Lokal am Nordende der Szeroka kehren all jene ein, die gern in der Gegenwart leben: frisch-fröhliches Ambiente in den jüdischen Farben Blau-Weiß, viele Pflanzen und helles Holz, dazu eine orientalische Küche, wie sie heute in Tel Aviv hoch im Kurs steht. Paul und David sorgen für ein lockeres Ambiente drinnen und draußen.
Szeroka 2/ul. Miodowa 41, Mobil 515 15 01 45, www.hamsa.pl, Straßenbahn: Miodowa, tgl. 9–24 Uhr, Gerichte 7–13 €

Östlich einmal anders
Jarema 🟣 Karte 2, E 3
In dem von der galizischen Geschmacks-akademie preisgekrönten Lokal wird Küche aus Polens verlorenen Ostprovinzen vorgestellt: aus dem heutigen Litauen, aus Weißrussland und aus der Ukraine. Da gibt es weißrussische Sauerampfersuppe ebenso wie litauische Lammkoteletts und Lemberger Nugat. Als Beilage bekommt man Salat, Klöße und Teigtaschen (*pierogi, pielmini, bliny, cepeliny*) serviert. Ein erfrischendes Getränk ist *kwas chlebowym,* ein mit Sauerteig angesetztes Wässerchen, das entfernt an Malzbier erinnert. Die Besitzerin Elżbieta Walczyk ist Profimusikerin und lässt jeden Abend

östliche Weisen spielen – live natürlich. Das Lokal befindet sich ein paar Schritte nördlich der Barbakane, etwa auf Höhe des Grunwald-Denkmals.
plac Matejki 5, T 12 429 36 69, www.jarema. pl, Straßenbahn: Basztowa, tgl. 12–22 Uhr, Gerichte 5–14 €

Mit Lust am Experiment
Studio Qulinarne 🟣 Karte 6, F 9
Dass Katarzyna Grüning eine Innenarchitektin ist, merkt man auf den ersten Blick. Das ehemalige Straßenbahndepot in Kazimierz, das sich mit Panoramafenstern zur Straße öffnet, ist in Schwarz-Weiß-Tönen gehalten. Lampen hängen als Textilskulpturen von der Decke, je nach Jahreszeit stehen im Raum Birken, Kiefern oder Tannen. Noch mehr Grün gibt es im chilligen Garten. Die Besitzerin des Restaurants lässt sich von lokalen Bauern beliefern, hervorragend schmecken ihre frischen Salate. Die leichte und zugleich raffinierte Küche, die von ihren vielen Reisen inspiriert ist, unterstreicht den extravaganten Charakter des Orts. Auch wer auf einen Cocktail vorbeikommt, ist willkommen.
ul. Gazowa 4, T 12 430 69 14, www.studio qulinarne.pl, Straßenbahn: św. Wawrzyńca, tgl. 11–22 Uhr, Gerichte 10–20 €

....

TYPISCH POLNISCH

Für den großen Appetit
Chłopskie Jadło 🟣 Karte 2, D 5
Über den rustikalen Hinterhof geht es ins Kellerverlies hinab, wo man einen Grundkurs in polnischer Bauernkultur bekommt: Tische und Bänke aus ungehobeltem Holz, an der Wand das obligatorische Christuskreuz. Vorweg gibt's gratis Schmalz und Kräuterschichtkäse, die man sich mit dem Metzgermesser aufs Brot schmiert. Danach bedient man sich an dem auf einem alten Kachelofen aufgebauten Büfett: Da gibt es Fässer mit Salzdillgurken und Kübel mit geraspelten Möhren, Rüben und Kraut. Die Gerichte kommen stilecht in Schüsseln, Pfannen und Holztrögen daher: Waldpilze in Sahne, Piroggen mit unterschiedli-

GESUNDHEIT

»Gorzałka szkodzi«, Alkohol schadet der Gesundheit – doch diese Mahnung nimmt kein Krakauer ernst. Warum sollte er auch? Nach einem guten Mahl in einem polnischen Lokal ist der eine oder andere Wodka (z. B. der großartige Żubrówka) durchaus verdauungs-, sprich: gesundheitsfördernd. Probieren Sie's doch mal mit Hering plus Wodka in der Ambasada Śledzia (ul. Stolarska 8/10) – bis 24 Uhr ist sie geöffnet!

cher Füllung, deftige Suppen und Fleisch bis jenseits der Sättigungsgrenze. So beliebt ist der »Bauernschmaus« (so lautet die deutsche Übersetzung des Namens *chłopskie jadło*), dass man ihn anderswo – leicht variiert – nochmals genießen kann: z. B. in der ul. św. Jana 3,  Karte 2, D 4, T 12 725 10 05 35, mit denselben Öffnungszeiten und ähnlichen Preisen.

ul. Grodzka 9, T 12 725 10 05 59, www.chlopskiejadlo.pl, So–Do 12–22, Fr/Sa 12–23 Uhr, Gerichte 4–15 €

Ländlicher Charme
Polakowski  Karte 6, F 7
Das Selfservicelokal wirkt frisch in jeder Beziehung: pastellfarbene Wände, Blumensträuße auf bunt lackierten Tischen, Verkäuferinnen mit blütenweißen Blusen und Strohhut, aus Weidenkörben quillt Obst und Gemüse. Gegessen wird traditionell polnisch: die wunderbaren Suppen *żurek* und *barszcz*, Schmoreintopf, Kohlrouladen und Pfannkuchen.

ul. Miodowa 39, T 12 421 07 76, www.polakowski.com.pl, tgl. 9–22 Uhr, Gerichte 3–6 €

Mit Bildern von Heinrich Zille
Starka  Karte 6, F 8
Gemütliches Lokal mit Zille-Bildern auf roten Wänden. Die typisch polnischen Gerichte fand ich am besten: żurek-Suppe mit Wurst, Pilzen und Ei, Heringstartar und russische Piroggen. Am Ende sollten Sie nicht versäumen, den hausgemachten Walnuss- oder Apfelkuchen zu probieren. Zweimal in der Woche (vorerst Mi und Fr) gibt es abends Popmusik live.

ul. Józefa 14, T 12 430 65 38, www.starka-restauracja.pl, tgl. 12–23 Uhr, Gerichte 5–15 €

Bei Oma Malina
U Babci Maliny  Karte 2, D 4
Bei Oma Malina im Kellergewölbe der Polnischen Akademie kann man für wenig Geld die beliebtesten polnischen Gerichte kennenlernen: *pierogi, żurek* und *barszcz* – nichts kommt hier aus der Mikrowelle, alles wird frisch zubereitet. Sehr gut schmecken auch die Kartoffelpuffer auf ungarische Art *(placki po węgiersku)* mit Gulasch und Creme fraîche.

ul. Sławkowska 17, T 12 422 76 01, www.kuchniaubabcimaliny.pl, tgl. 12–23 Uhr, Gerichte ab 3 €

Vor allem Schokolade
Wedel  Karte 2, D 4
Durch den Pralinenladen der traditionsreichen Schokomanufaktur gelangt man in die glasüberdachte *pijalnia czokolady*. Es gibt heiße Schokolade in Schwarz und Weiß mit Zimt, Amaretto und Ingwer.

Rynek Główny 46, www.wedelpijalnie.pl, tgl. 9–23, am Wochenende 9–24 Uhr

Innen und außen durchgestylt: Studio Qulinarne

Neues und Nostalgisches

Westmode hat sich in Krakau durchgesetzt, von Armani bis Zara findet man hier dieselben Marken wie in den Metropolen des Westens. Und doch haben die Straßen nicht den aus unseren Städten bekannten Einheitslook. Das Neue hat in Krakau nicht über das Alte triumphiert, sondern wurde klug integriert. Neben dem Designershop wartet das Antiquariat, Bernsteinschmuck glitzert neben verstaubten Büchern.

Ihre alltäglichen Besorgungen erledigen die Krakauer in modernen Einkaufsgalerien mit ihrem Mix aus Supermarkt, Mega-Kino, Bistros und Boutiquen. Viele hübsche Läden wurden aus der Altstadt in die Zentren verlegt, nur dort schien das Überleben gesichert. In der Nähe des Hauptbahnhofs entstand die Galeria Krakowska, östlich des jüdischen Viertels die Galeria Kazimierz. Da die Einkaufszentren auch sonntags öffnen, hat der Klerus zu einem »Kreuzzug gegen den Konsumwahn« aufgerufen – doch die Lust am *szopink* (›polonisiert‹ für Shopping) lassen sich die Krakauer auch von der katholischen Kirche nicht nehmen.

Das Preisniveau hat sich dem westlichen angenähert. Als Faustregel gilt: Für Westware zahlt man Westpreise, nur die in Polen hergestellten Waren sind günstiger. Drastisch gesenkt werden die Preise während des Sommer- und Winterschlussverkaufs, wenn es gilt, die Ladenfläche für die kommende Saison zu leeren.

ZUM SELBST ENTDECKEN

Die wichtigsten Einkaufsstraßen der Altstadt sind die **Floriańska,** die **Grodzka** und die **Szewska,** in Kazimierz hat sich die **Józefa** zur Galerie- und Einkaufsmeile gemausert. Derweil verkauft man in den **Tuchhallen** (Sukiennice) auf dem Großen Markt traditionelles Kunsthandwerk wie anno dazumal. Die Läden öffnen im Normalfall werktags zwischen 8 und 10 Uhr und schließen zwischen 17 und 19 Uhr. Allerdings wird der Ladenschluss flexibel gehandhabt. Die Shopping Malls sowie viele Souvenirläden haben erweiterte Öffnungszeiten. Sie bleiben auch am ›heiligen‹ Sonntag geöffnet, denn nichts tun die Polen lieber, als nach der Messe zu shoppen: Mo–Sa 10–22, So 10–20 Uhr.

Wodka Krakus – Referenz an die alte Hauptstadt

BÜCHER UND MUSIK

Besuch ohne Kaufzwang
Empik 🛍 F 3
Der Laden im Einkaufszentrum neben dem Bahnhof ist fast immer rappelvoll. Das liegt gewiss an dem großen Sortiment und der Möglichkeit, sich frei zu bewegen: Verkäufer, die mit der Frage »Kann ich helfen?« aufdringlich werden, gibt es hier nicht. Vor allem jüngere Polen, die sich die teuren Bücher nicht leisten können, kommen, um zu schmökern. Für ausländische Besucher interessant sind internationale Zeitschriften, Bildbände über Polen, CD-ROMs und DVDs.
Galeria Krakowska, ul. Pawia 5, www.empik. com, tgl. 9–22, So 10–21 Uhr

Welt der Bücher: Café Massolit

Entdeckungsreise
Massolit Books & Café 🛍 C 6
Der Buchladen liegt versteckt außerhalb des Grüngürtels und ist ein Treffpunkt der in Literatur verliebten ›Expats‹. Anglophile Bücherwürmer werden von der Auswahl (Schwerpunkt Osteuropa) begeistert sein, selbst in Oxford entdeckte ich keinen spannenderen Laden. Mein Tipp: Gehen Sie mit einer Tasse Tee oder Kaffee hinüber in den Nebenraum und fangen Sie an zu stöbern – Sie werden sogar ein paar deutsche Titel finden. Auch guten Kuchen können Sie kaufen – er stammt aus der nahen Massolit-Bäckerei in der ul. Smolensk 17.
ul. Felicjanek 4, T 12 432 41 50, www.massolit. com, tgl. 10–20 Uhr

ÜBRIGENS

Krakau hat viele bekannte Schriftsteller hervorgebracht – erinnert sei hier nur an den satirischen Dramatiker Sławomir Mrożek und den Schöpfer fantastischer Erzählungen Stanisław Lem, natürlich auch an die Nobelpreisträger von 1980 und 1996, Czesław Miłosz und Wisława Szymborska. In Literaturfestivals wird ihrer gedacht, und auch Joseph Conrad alias Józef Teodor Konrad Korzeniowski, der in Krakau seine Kindheit verbrachte, wird jedes Jahr im Oktober festlich geehrt.

Judaica in Hülle und Fülle
Austeria 🛍 Karte 6, F 8
Buchladen in der Hohen Synagoge mit zahlreichen Titeln zu jüdischen Themen, Reiseführern ins ehemalige Galizien, Kunst- und Kochbüchern. Weitere Judaica findet man z. B. im Galizisch-Jüdischen Museum (▶ S. 62). Und weil in beiden Läden auch CDs verkauft werden, finden Sie dort gewiss auch Aufnahmen der Gruppe Kroke, mit deren Aufstieg die Tradition der Klezmerlivekonzerte begann!
ul. Józefa 38, Straßenbahn: Miodowa, tgl. 10–18 Uhr

Vom Zauber des Vergangenen
Rara Avis 🛍 Karte 2, E 4
Ein knallroter Krebs schmückt das Eingangsportal des Antiquariats, im ersten Stock entdeckt man seltene Vögel (daher der Name rara avis): zerfledderte, handschriftliche Bücher, Kartenatlanten und Drucke aus vergangenen Jahrhunderten.
ul. Szpitalna 11, www.raraavis.krakow.pl, Mo–Fr 10–18, Sa 10–14 Uhr

Historische Reminiszenzen
Krakowski Antykwariat Naukowy 🛍 Karte 2, D 4
Das wissenschaftliche Antiquariat ist nicht nur das größte, sondern

OBWARZANKI

An blauen, quer über die Stadt verteilten Straßenständen werden *obwarzanki* verkauft – runde, brezelartige Gebäckstücke, die mit Mohn oder Sesam bestreut oder einfach nur salzig sind. Krakaus Bäcker behaupten, die Kringel seien die Urform des Bagels, die mit dem Exodus der Juden nach Nordamerika gelangten und von dort ihren Siegeszug um die Welt antraten.

auch das bestsortierte der Stadt. Die Palette reicht von ledergebundenen Goethe-Erstausgaben über historische Postkarten aus Habsburgerzeit bis zu Propagandaschriften des Deutschen Kulturinstituts Ost.

ul. Sławkowska 19, www.antkrak.krakow.pl, Mo–Fr 10–18, Sa 10–14 Uhr

DELIKATESSEN UND LEBENSMITTEL

Exquisit – Krakauer Kulinaria
Krakowski Kredens 🔒 Karte 2, D 5
In dem schönen, auf alt gemachten Laden bekommt man Traditionelles aus Regionalzutaten: Pischinger-Torte und Früchtebrot, Honig und Marmelade, Pilze und Wurst, Schnaps und Likör, Eingemachtes und Eingelegtes – alles dekorativ verpackt. Die Kulinaria verkaufen sich so gut, dass in der Galeria Krakowska eine Filiale eröffnet wurde!

ul. Grodzka 7, www.krakowskikredens.pl, Mo–Fr 10–19, Sa 11–19, So 11–18 Uhr

Zum Schwelgen
Delikatesy 13 🔒 Karte 2, D 5
Die Edelpassage am Rynek punktet mit dem besten Delikatessenladen der Stadt: Hier bekommt man hausgemachte Pasta, eingelegte Trüffel und Oliven, Lachstatar, Foie gras und Steinpilzröllchen. Aus Italien kommt Parmaschinken, vom polnischen Dorfmetzger die ›Krakauer‹. Aber es

gibt auch Honig, Marmelade und süße Teilchen. Im Bistro nebenan kann man die Köstlichkeiten probieren.

Rynek Główny 13 (Pasaż Handlowy, Untergeschoss), www.delikatesy13.pl, Mo–Sa 9–21, So 11–17 Uhr

Kleiner Naturladen
Naturalny Sklepik 🔒 C 4
So klein, wie der Name andeutet, ist er nicht. Der Laden nahe dem Audimax, übrigens ein Familienbetrieb, wartet mit einem großen Sortiment auf. Im Angebot sind frisches Obst und Gemüse, Brot, Käse und Wurst von regionalen Anbietern, aber auch viele Naturprodukte aus Lateinamerika, Indien, Japan und China. Nach dem Einkauf laden Tische und Stühle im Garten zu einer Verschnaufpause ein; und auch einen Sandkasten für Kinder gibt es!

ul. Krakowska 29, http://produktybenedyktynskie.com.pl, Mo–Fr 9–17 Uhr

Aus dem Kloster
Produkty Benedyktyńskie
🔒 Karte 6, E 9
Alles, was die Benediktiner aus dem Tyniec-Kloster verkaufen, ist frei von Farb- und Konservierungsstoffen: Käse und Wurst, Wein und Bier, Kräuter und Tee, Marmelade und Sirup.

ul. Krakowska 29, http://produktybenedyktynskie.com.pl, Mo–Fr 9–17 Uhr

Beschwipst
Szambelan 🔒 Karte 2, C 5
Beim Kammerherrn (*szambelan*) sind Glasbottiche mit schillernder Flüssigkeit aneinandergereiht: Obst-, Kaffee- und Honiglikör, Weinbrand, Schnaps und zwei Dutzend Wodkasorten, darunter der 70-prozentige Paschalna. Wer sich nicht sicher ist, was ihm schmeckt, kann die Tropfen gratis probieren. Der antike Weingott Bacchus grinst von der Wand, denn er weiß: Der Kunde verlässt den Laden beschwipst. Hat man sich für eine bestimmte Alkoholsorte entschieden, wählt man aus einer originellen Kollektion das passende Gefäß und lässt sich die gewünschte Menge abfüllen (ab 100 ml). Außerdem im Angebot:

Kompott- und Konfitürengläser wie bei Oma sowie diverse Essige und Öle.

ul. Bracka 9, www.szambelan.pl, Mo–Sa 11–20, So 12–18 Uhr

Für Teeliebhaber
Herbaty Świata  Karte 2, E 4

Teekannen, Tassen und Becher, Wasserkocher und Gusseisenkessel, orientalische Blumenschalen und natürlich eine Vielzahl von Teesorten.

ul. Św. Jana 24, www.herbaty-swiata.com, Mo–Fr 10–18, Sa 10–15 Uhr

ANTIQUITÄTEN UND KUNST

Für Liebhaber
Antyki  Karte 2, E 5

Seit sozialistischer Zeit der Marktführer im Antiquitätenhandel. Liebevoll arrangiert sind Porzellan und Silberbesteck, Uhren, Gemälde und Ikonen. Allerdings wird der Kaufrausch durch die polnischen Zollvorschriften gebremst: Kunstgegenstände aus der Zeit vor dem Zweiten Weltkrieg bedürfen einer Ausfuhrgenehmigung des Kulturministeriums.

ul. Mikołajska 7

Devotionalien
Arkos  Karte 2, E 5

Einen Laden wie den an der Rückseite der Barbarakirche findet man wohl nur in Polen. Hier bekommt man Rosenkrän-

ze aus unterschiedlichsten Materialien, Heiligen- und Papstfiguren, golddurchwirkte Talare und Spitzenhemden.

plac Mariacki 5

Hochwertige Keramik
Asortyment Shop  Karte 6, E/F 8

Sie müssen nicht nach Bolesławiec fahren, um wunderschöne Keramik zu finden: In dem kleinen Laden im christlichen Teil von Kazimierz werden Sie zudem sehr gut beraten.

ul. Bożego Ciała 22, www.facebook.com/asortymentshop, Di–Fr 11–18, Sa/So 11–15 Uhr

Modernes Kunsthandwerk
Galeria BB  Karte 2, D 5

Unter den Arkaden: Im modernen, schnörkellosen Ambiente der Galeria BB finden Sie originale Glas-, Keramik- und Holzobjekte, Schmuck und Kleinmöbel aus recycelten Materialien.

Sukiennice 1/3, Rynek Główny, http://galeriabb. com, Mo–Sa 10–19, So 10–17 Uhr

Kuriositäten
COCO ART  Karte 2, E 4

Schatzgrube von Glas- und Keramikobjekten polnischer Künstler.

ul. Floriańska 44, tgl. 10–19 Uhr

Papier ist geduldig
Galeria Fejkiel  Karte 2, D 4

Der Galerist stellt Werke führender polnischer Grafiker aus: Kupferstiche und

Krakowski Kredens: Hier gibt es polnische Delikatessen.

Radierungen, Linol- und Holzschnitte, Bleistiftzeichnungen und Lithografien. Jan Fejkiel ist Minimalist: »Es reizt mich zu sehen«, sagt er, »wie viel künstlerischer Ausdruck aus einem so einfachen Medium wie dem Papier herauszuholen ist.« Die von ihm gesammelten Werke sind figurativ und abstrakt, extrem subjektiv und mathematisch präzise.
ul. Sławkowska 14, www.fejkielgallery.com

Alles handgemacht
Kacper Ryx 🔒 Karte 2, E 5
Kunsthandwerklich anspruchsvoll ist hier das Angebot: historische Krakau-Souvenirs, Schönes und Nützliches aus Keramik, Leder und Glas, Gewebtes und Gesticktes. Dazu eine kompetente Beratung!
plac Mariacki 3, www.kacperryx.pl, Mo–Fr 11–19, Sa 11–18, So 12–17 Uhr

Tolle Grafik – in der Plakatgalerie Dydo

Wie im Museum
Galeria Plakatu Krzysztof Dydo
🔒 Karte 2, E 5
Witzig und spritzig, dabei dem Zeitgeist immer ein wenig voraus: Das polnische Plakat, in den 1950er-Jahren berühmt geworden und jahrzehntelang von glatter Werbeästhetik verschont, hat sich viel Frische bewahrt. In der Galerie von Herrn Dydo, der auch das unregelmäßig stattfindende Plakatfestival organi-

siert, können Sie Meisterwerke der Plakatschule preiswert kaufen – auch in Form von Postkarten, z. B. aus den Bereichen Literatur und Theater, Film und Propaganda. Junge Anhänger der Plakatkunst sind heute im Alltag aktiv: Sie peppen die monumentalen Fassaden in Kazimierz und anderswo mit Graffiti auf (www.iyp.me/krakowstreetart)!
Kramy Dominikańskie, ul. Stolarska 8–10, http://cracowpostergallery.com, Mo–Fr 12–17, Sa 11–14 Uhr

MÄRKTE UND EINKAUFSPASSAGEN

Ursprüngliches aus Polen
Sukiennice 🔒 Karte 2, D 5
Einen prominenteren Platz zum Einkaufen gibt es nicht: In den Tuchhallen, mitten auf dem Marktplatz, durchschreitet man ein 100 m langes Basargewölbe, das von Jugendstillampen schummrig beleuchtet ist. Hier wird ausschließlich Kunsthandwerk aus Polen verkauft – die Palette reicht vom Meisterstück bis zum Kitsch. Aus Schlesien stammt leuchtendes Kristallglas, unverwüstlich ist die Bunzlauer Keramik mit blauem Pfauenmuster. Aus der Tatra kommen handgestrickte Schafswollpullover, dazu Taschen, Gürtel und flache, spitz zulaufende Lederschuhe. Danziger Ateliers steuern Bernsteinschmuck bei, Krakaus Werkstätten glitzernde Weihnachtskugeln. Polnische Schnitzkunst fasziniert durch ihre Farbigkeit, Ausdruckskraft und Naivität. Man merkt ihr an, dass sie einer bäuerlich-archaischen Welt entstammt, die vom Wechsel der Jahreszeiten sowie von Glauben und Gottvertrauen bestimmt ist.
Rynek Główny 1, tgl. 9–18 Uhr, oft auch länger

Shopping Mall am Weichselufer
Galeria Kazimierz 🔒 H 7
Ein Backstein-Entree zollt Krakaus historischem Ambiente Tribut, daneben steht ein moderner Einkaufspalast mit Namen bekannter internationaler Ketten wie C&A, H&M, Wrangler, Orsay und Zara. Außerdem gibt es eine Cinema City und einen Gratis-Parkplatz.

ul. Podgorska 34, http://galeriakazimierz.pl, Straßenbahn: Miodowa, Mo–Sa 10–22, So 10–20 Uhr

Entree zur Stadt
Galeria Krakowska 🔒 F 3
500 m langer Glaspalast am Hauptbahnhof mit über 200 Läden und zehnmal so vielen Parkplätzen. Hier findet der Konsument alles, was sein Herz begehrt, Supermarkt, Mega-Kino, bestens bestückte Boutiquen von Benetton bis Versace – polnische Namen sind kaum noch darunter.
ul. Pawia 5, www.galeriakrakowska.pl, Straßenbahn: Dworzec Główny, Mo–Sa 9–22, So 10–21 Uhr

Am besten sonntags
Hala Targowa 🔒 F/G 6
Werktags ein Straßenmarkt mit Obst- und Blumenständen, Uhren, Taschen und Lederwaren, abenteuerlich am Samstag, wenn außer Antiquitäten auch Ikonen, Orden und Uniformen angepriesen werden, Raubkopien von CDs und DVDs, altmodische Kleidung und gestohlene Räder. Und kommen Sie zwischen 20 und 3 Uhr an der Hala vorbei, gibt es hier tolle Grillwürstchen!
plac Targowy, ul. Grzegórzecka s/n, http://unitarg.krakow.pl, Mo–Sa 7–14 Uhr

Klein, aber fein
Pasaż Rynek 13 🔒 Karte 2, D 5
Die Edelpassage am Markt wartet mit Marmorböden, Arkaden und Natursteinwänden auf. Über Rolltreppen gelangt man zu mehr als zehn Boutiquen mit italienischer und französischer Mode und zur Kitzbüheler Sportalm. Im mittelalterlichen Kellergewölbe entdeckt man auch ein Bistro und einen Feinkostladen.
Rynek Główny 13, www.pasaz-13.pl, Mo–Sa 11–21, So 11–17 Uhr

Markthalle am Szenetreff
Plac Nowy 🔒 Karte 6, F 8
Zwar ist der Markt auf dem Neuen Platz bedeutend kleiner als die Hala Targowa, doch ist und bleibt er wichtig für das Lokalkolorit des Kazimierz-Viertels. In der Mitte steht die achteckige Halle Okrąglak mit einem mageren Fleisch- und Wurstangebot, um sie herum gruppieren sich wackelige Stände mit einheimischem Obst und Gemüse. Beliebt sind die Imbissbuden, die auch für Nachtschwärmer *zapiekanki* (überbackene Baguettes) und *placki* (Kartoffelpuffer) zubereiten. Am Samstag öffnet neben der Halle vormittags ein Flohmarkt *(ciuchy),* auf dem Hobbyverkäufer historische Fotos und Postkarten, Militaria aus diversen Kriegen und sozialistische Prop-Art ausbreiten. Gut ist die Stimmung auch an den Sonntagen, wenn vorwiegend Kleidung ausgebreitet wird.
Tgl. 7–14.30 Uhr, www.placnowy.pl, Straßenbahn: Miodowa

Bauernmarkt in Kleparz
Rynek Kleparski 🔒 E 3
Nur einen Steinwurf von der Altstadt entfernt repräsentiert der Markt von Kleparz das normale, alltägliche Krakau. Seit dem 14. Jh. halten ihm die Bewohner die Treue, nicht einmal die glitzernden Shopping Malls haben seine Bedeutung schmälern können. Hier geht es gemütlich zu: Man tauscht Scherze und Nachrichten, wildfremde Käufer werden mit *kochanie* (meine Lieben) angesprochen. Die Ware ist knackig frisch und unschlagbar günstig. Ältere Frauen verkaufen geräucherte Krakauer im Naturdarm, Dillgurken und Sauerkraut aus dem Fass. Aus dem Wald kommen die aromatischen, bei uns längst ausgestorbenen Wilderdbeeren, außerdem Blau- bzw. Heidel- und Johannisbeeren. Steinpilze, Pfifferlinge und Maronen türmen sich in Körben und Kisten, in Girlanden hängen Trockenpilze, auf dass man damit Saucen und Suppen veredele – ein kulinarisches Souvenir mit Langzeitwirkung! Oft sieht man auf dem Markt auch Bäuerinnen aus der Tatra: Sie bieten Spezialitäten aus Schafsmilch an, so den berühmten *oscypek,* geräucherten Käse aus Rohmilch, und verschiedene Arten von Weichkäse: *bryndza* (im Fass geschlagen) und *bundź* (mit Lab versetzt). Stets präsent sind Stände mit Blumen, duftenden Körben aus Weidenzweigen und Küchenutensilien aus Holz.
plac Targowy, Stary Kleparz, www.starykleparz.com, Straßenbahn: Basztowa, tgl. 7–14 Uhr

Kellerkinder und andere Nachtschwärmer

Krakau ist eine fantastische Stadt, um den Tag ausklingen zu lassen. Originelle und quirlige Bars befinden sich in den historischen Kellergewölben, einer Stadt unter der Stadt, und bleiben bis weit nach Mitternacht geöffnet.

Freilich ist das nächtliche Leben in Krakau nicht ganz so aufgeheizt wie in vergleichbaren Metropolen des Westens, sondern eine Spur verhaltener. Man scheint nicht eingeschworen auf den jeweils neuesten Trend – und wenn man nicht gerade zur neureichen Elite gehört, distanziert man sich von den gestylten Pubs und Cocktailbars im Umkreis der Hotels, wo Touristen den Ton angeben. Die künstlerisch-alternative Szene liebt den Müßiggang und das schummrige Licht, bequeme Sofas laden zum Relaxen ein. Das Dunkle hat Kultstatus – doch viele junge Briten wünschen offenbar ein anderes Ambiente, sind hauptsächlich am billigen Bier und am Anblick polnischer Frauen interessiert. Teile der alternativen Szene sind in den letzten Jahren nach Kazimierz abgewandert – vor allem Studenten ist die Altstadt zu teuer und auch zu touristisch geworden. Mit seinen Cafés, Galerien und Kneipen erinnert Kazimierz an das frühere Quartier Latin in Paris: ein spannender Mix aus jüdischen Liedern und fetziger Klezmermusik, Aufbruchstimmung und Nostalgie.

ZUM SELBST ENTDECKEN

Nachtschwärmer müssen nur wenige Schritte laufen, um von einem Lokal ins nächste zu kommen – allein in der **Altstadt** gibt es 200 Kellerkneipen, die Sie in ihren Bann ziehen werden. Viele Lokale, in denen man sich am frühen Abend zu einem Drink verabredet, verwandeln sich binnen weniger Stunden in einen Dancefloor, vielerorts finden auch improvisierte Jamsessions oder Livekonzerte statt. Beginnen könnten Sie mit der Gegend rund um den **Rynek** (▶ S. 49) mit ihren Kneipen und Künstlertreffs. Und wenn Sie nach **Kazimierz** (▶ S. 59) wollen, auch dorthin ist es nicht weit: zu Fuß nur 10–15 Minuten! Infos im Internet: www.local-life.com/krakow/articles/krakownightlife und http://en.karnet.krakow.pl

Im Jazzclub U Muniaka sieht man nicht nur auf der Bühne, sondern auch im Publikum viele Musiker.

BARS UND KNEIPEN

In vino veritas
Vinoteka 13 ☼ Karte 2, D 4/5
Warme Backsteintöne und minimalistisches Design, dazu Tapas und beste Tropfen: Im Untergeschoss der Passage 13 am Markt gibt es ein Bistro, das Weine von allen wichtigen Anbauregionen führt. Die Palette reicht von Italien über Australien und Spanien bis nach Israel! Aufgrund der sorgfältigen Auswahl – es wird vor allem auf authentischen Geschmack und schonende Ökoproduktion Wert gelegt – empfiehlt auch die Slow-Food-Bewegung das Bistro. Fast alle Weine können glasweise bestellt werden.
Rynek Główny 13, T 12 617 02 50, www.vinoteka13.pl, Mo–Fr 11–19, Sa 11–15 Uhr

Kultkneipe
Alchemia ☼ Karte 6, F 8
Gemütlich-düstere Café-Bar am Neuen Platz, wichtigster Treffpunkt der Alternativszene in Kazimierz. Vergilbte Fotos erinnern an die vorkapitalistische Zeit. Die beiden Haupträume heißen ›Hölle‹ und ›Fegefeuer‹, sind mit Steinen der Katharinenkirche gepflastert und abends von Kerzen erleuchtet: ein guter Ort, um den tollwütigen Hund *(wściekły pies)* herunterzuspülen, eine scharfe Mischung aus Wodka, Johannisbeersaft und Tabasco. Stadtbekannt sind auch die hiesigen Livekonzerte und Partys – es darf auf Tischen und Stühlen getanzt werden!
ul. Estery 5/plac Nowy, www.alchemia.com.pl, Straßenbahn: Miodowa, tgl. 12–23 Uhr, Fr/Sa länger

Bier ist Trumpf
C. K. Browar ☼ Karte 2, C 4/5
In der Kaiserlich-königlichen Brauerei, fünf Gehminuten westlich der Altstadt, blinzelt Franz Josef den Besuchern zu. Nach einem alten habsburgischen Rezept wird ausgezeichnetes Bier gebraut, beim Schein von Tiffanylampen glänzen die Kupferkessel – je tiefer man ins Glas schaut, desto geheimnisvoller. Von hell bis dunkel stehen fünf Biersorten zur Wahl, besonders Ehrgeizige wählen eine Mehrliter-Pfeife. Weil es sich auf leeren Magen nicht gut trinken lässt, gibt es u. a. Platten mit deftigen Wurst- und Fleischwaren. Anmerkung zum Schluss: Leider finden nun auch immer mehr Youngster den Weg in die Brauerei, deren Ziel offenbar darin besteht, sich volllaufen zu lassen.
ul. Podwale 6–7, www.ckbrowar.krakow.pl, Straßenbahn: Teatr Bagatela, tgl. 12–24 Uhr

Gut versteckt
Budda Drink & Garden
☼ Karte 2, D 5
Der chillige Hofgarten ist über eine dunkle, rechts vom Szara abzweigende Passage erreichbar. Im Sommer sieht man hier vor allem junge Paare; sie genießen Cocktails und lassen sich von softer Musik einlullen.
Rynek Główny 6, www.budda-drink.com.pl, tgl. 12–1 Uhr

Für die Jungen, Schönen und Reichen
Movida ☼ Karte 2, E 5
An den Wänden hängen Schnappschüsse von Filmstars und Models, ein internationales Publikum drängt sich an der langen Bar, stärkt sich mit Cocktails. Auf »Sex on the Beach«, einen Mix aus Wodka, Pfirsichschnaps, Orangen- und Ananassaft folgt ein mehr oder weniger sanfter »Orgazm« (mit Baileys, Kahlua und Amaretto). Fabio Giuffrida, der italienische Wirt, hält den Laden in Schwung.
ul. Mikołajska 9, www.movida-bar.pl, tgl. 16–1 Uhr

Alternativ
Pauza ☼ Karte 2, E 4
Eine Kneipe im ersten Stock und ohne Hinweisschild an der Straße. Pauza zieht ein eher intellektuelles Publikum an. Die Wände sind mit Schwarz-Weiß-Fotos der Stammgäste tapeziert. Kontakte entstehen beim Schlangestehen vor der – in Krakau sonst kaum anzutreffenden – Unisex-Toilette.
ul. Floriańska 18/3, www.facebook.com/Klub Pauza, tgl. 10–24 Uhr

Auf der Jan-Karski-Bank an der ul. Szeroka in Kazimierz

Wo sich die Studis berauschen
Pijalnia Wódki i Piwa ⚙ Karte 2, D 4
Eingerichtet wie früher – und auch die
Preise erinnern an früher. Wenn für
Getränke nur 1 € zu zahlen ist, wundert
man sich nicht darüber, dass junge Leute hier Schlange stehen. Viele von ihnen
bestellen Zitronensaft mit einem Schuss
Wodka, den berühmten *cytrynowka*.
Gar nicht schlecht! ›Trinkstuben‹ gibt es
inzwischen auch in der ul. Szewska und
am plac Nowy.
ul. św. Jana 3–5 (Eingang ul. św. Tomasza),
http://pwip.com.pl, rund um die Uhr geöffnet

Männertreff
Pod Papugami ⚙ Karte 2, E 4
Der irische Pub bietet Live Sports und ist
eine ideale Anlaufstelle für alle, die sich
ihre Kehle gern mit Hopfensaft füllen:
Guinness, Grolsch, Beck's und Heineken
vom Fass und aus der Flasche. Einige
Gäste scheinen darauf aus zu sein,
sämtliche Sorten durchzuprobieren.
ul. św. Jana 18, www.podpapugami.krakow.pl,
tgl. 12–2 Uhr

Ein Hoch auf die Vergangenheit
Propaganda ⚙ Karte 6, E 7 E 8
Roter Stern und Subkultur – eine
ungewöhnliche Kneipe, die sich nach
1990 ironisch-dreist dem Zeitgeist
entgegenstellte. Ein Gast kommentiert:
»Leninbilder an der Wand – warum
nicht? Immerhin ist dieses sozialistische
Paradies die einzige mir bekannte Kneipe, wo es Strongbow Cider gibt!«
ul. Miodowa 20, www.pubpropaganda.pl,
Straßenbahn: Stradom, tgl. 12–3 Uhr

Herrlich düster
Singer ⚙ Karte 6, F 8
Gemütlich-dunkles Schlummercafé mit
weichen Polstersesseln und ausran-
gierten, zu Tischen umfunktionierten
Nähmaschinen. Jurek und Lucyna setzen
auf Filmmusik und Jazz im Stil von Billie
Holiday, oft gibt es spontane Mini-
konzerte von lokalen Künstlern. Beste
Stimmung ab 2 Uhr nachts.
ul. Estery 20, Straßenbahn: Miodowa,
tgl. 9–3 Uhr, Fr/Sa länger

Trendy – das Bier fließt in Strömen
Viva la Pinta ⚙ Karte 2, E 4
Das Pinta-Bier stammt aus der mit
vielen Preisen bedachten Brauerei in
Zawiercie, 70 km nordwestlich von
Krakau. Doch auch viele andere Biersor-
ten stehen zur Wahl – starten Sie den
Vergleich!
ul. Floriańska 13, tgl. 16–1 Uhr, Fr/Sa länger

Mit Flohmarkt-Accessoires
Warsztat ☼ Karte 6, F 8
Früher eine Werkstatt (poln. *warsztat*),
heute eine Musikbar gegenüber der
Isaak-Synagoge. Wieder findet man hier
die für Kazimierz so typische Installation
von Objekten aus einer vergangenen
Zeit: ein Klavier, ein altes Akkordeon, an
den Lampen rotierende Notenblätter.
Der musikalische Bogen spannt sich von
Jazz über Blues bis zu Klassik.
ul. Izaaka 3, www.restauracjawarsztat.pl,
Straßenbahn: Miodowa, tgl. 10–24 Uhr

Klein und gemütlich
Wódka Café Bar ☼ Karte 2, E 5
Wenn Sie noch nie ein Wodka-Fan waren – hier könnten Sie es werden. Qual
der Wahl: womit beginnen? Karamell,
Haselnuss oder Schokolade? Grape-
fruit, Honig, Kirsche, Orange: so viele
verlockende Aromen! Oder vielleicht
doch lieber pur starten? Die Auswahl an
Wodkasorten ist riesig, das freundliche
Personal wird Sie kompetent beraten.
ul. Mikołajska 5, http://wodkabar.pl, Mo–Do
13–2 Uhr, Fr/Sa ab 12 Uhr mit open end

···

LIVEMUSIK

···

Traditionsreich
U Muniaka ☼ Karte 2, E 4
Der Jazzclub im Herzen Krakaus wurde
Mitte der 1980er-Jahre vom Tenorsaxo-
fonisten Janusz Muniak gegründet, der
durch seine Arbeit mit Don Cherry und
Krzysztof Komeda berühmt wurde. Die
Krise, in die der Club nach Muniaks
Tod 2016 rutschte, ist inzwischen über-
wunden, engagierte Musiker verwalten
sein Erbe. Stürmisch drücken sie die
Tasten, fauchen ihre Seele ins Gebläs
und inszenieren fetzig-rasante Stücke à
la Charlie Parker. Das Publikum besteht
aus etablierten Jazzern und Künstlern,
vielleicht verirren sich auch ein paar
biznesmeni (poln. für Businessmen)
hierher, um authentisches Nightlife zu
schnuppern. Livekonzerte finden meist
Do, Fr und Sa ab 21.30 Uhr statt.
ul. Floriańska 3, T 12 423 12 05, tgl. 19–2 Uhr

Kultiviert
Piec'Art Acoustic Jazz Club
☼ Karte 2, D 4
Dieses Lokal hebt sich von den anderen
Jazzbars dadurch ab, dass es heller
und die Luft klarer ist. Zu coolen Tönen
werden gepflegt-teure Drinks serviert,
erkundigen Sie sich nach dem nächsten
Livekonzert. Auch Nigel Kennedy, der
Paradiesvogel unter den Geigenvirtuo-
sen, feierte hier seinen Auftritt!
ul. Szewska 12, http://piecart.pl, tgl. 13–2 Uhr

Köstlich dekadent
Piano Rouge ☼ Karte 2, D 4
Sesam, öffne Dich: Tief im Kellergewölbe
erwartet die Besucher ein altertümliches
Bordellambiente mit Schummerlicht:
Samtsofas, in denen man versinkt, viel
Rot und Violett. Jeden Abend trifft sich
hier ein gemischtes Publikum, ab 21
Uhr gibt es Livejazz und Pianomusik,
manchmal auch Pop & Soul.
Rynek Głowny 46, www.thepianorouge.com.pl,
tgl. 12–2 Uhr

TEUFELS-SPUK

Im Kellerlokal mag es geschehen,
dass ein Mann mit wirrer Frisur den
Raum betritt und ohne Umschweife
zur Geige greift. Bald erklingen
Töne, wie man sie hier nur selten
vernimmt: Jazzimprovisationen,
unbekümmert und wild, dann
klassische Crescendi in schwindeler-
regendem Tempo. Nach 20 Minuten
ist der Teufelsspuk vorbei, doch kein
Hut macht die Runde – der fremde
Gast verschwindet ins Separee. Sie
wollen wissen, wer es war? Nigel
Kennedy war's, der nach seinem
Auftritt in der Philharmonie gern
der einen oder anderen Kellerbar
einen Spontanbesuch abstattet. Seit
er sich in eine Polin verliebt hat,
lebt der britische Punk-Paganini in
Krakau.

Der Sommer ist die Zeit der Festivals und Open-Air-Veranstaltungen.

DISCOS & CLUBS

Nach dem Jazz, dem Klezmerkonzert oder dem Theaterbesuch zieht es Sie vielleicht auf die Tanzfläche? Intime Bars bieten sich an – oder größere Dancefloors mit Videoclips und Laserlight. Während der Woche ist der Eintritt oft frei, freitags und samstags ist ein kleiner Obolus von maximal ca. 5 € zu entrichten. Die Drinks sind preiswert, die stämmigen Türsteher am Kneipeneingang (fast immer) harmlos.

Lassen Sie sich nicht vom Wort ›Klub‹ abschrecken – nur im Ausnahmefall, wenn der Saal überfüllt ist, wird nach der Klubkarte, manchmal auch nach einem Ausweis gefragt.

Latino ist Trumpf
Teatro Cubano ☼ Karte 2, D 4
Einer der beliebtesten Clubs der Altstadt mit kubanischen DJs und lateinamerikanischer Musik – die Universität liegt gleich um die Ecke, drum überrascht es nicht,

FILMKUNST

»Die zwei Leben der Veronika« war der erste Publikumserfolg des polnischen Filmemachers Krzysztof Kieślowski. Kein Sommer vergeht, in dem dieser Streifen nicht in Krakau gezeigt wird, denn in keinem anderen Film wurde das Geheimnis der Stadt so klug eingekreist wie in diesem. Schauplätze des Films sind Krakau und Paris; die Schicksale zweier Frauen sind mysteriös miteinander verknüpft. Rasante Schnitte fangen den Rhythmus der östlichen Metropole ein, ihre verspielte Bewegtheit am Abgrund. Untermalt wird der Film von betörender sakraler Musik, die Zbigniew Preisner komponiert hat und die so hervorragend zu dieser Stadt der Kirchen und Klöster passt.
Beste Adresse für Filmkunst abseits des Mainstreams ist das traditionsreiche **Mikro** (☼ A 2, www.kinomikro. pl). Gut ist auch das Angebot in den Kinos **Pod Baranami** (☼ Karte 2, D 5, www.kinopodbaranami.pl) und **ARS Sztuka** (☼ Karte 2, D 4, www.ars.pl). Filme werden meist im Original mit polnischen Untertiteln gezeigt – Trostpflaster für einen verregneten Tag!

HÖHEPUNKTE DES KRAKAUER KULTURPROGRAMMS

Das ganze Jahr über blüht in Krakau die Kultur, außer den bekannten Festivals (http://krakowfestival.com, ▶ S. 110) gibt es jeden Tag Kunstausstellungen, Klassik und Theater, Klezmer und Jazz – oft auch *open air* und in mittelalterlichen Kellern. Achten Sie auf die Aushänge an den Litfaßsäulen und lassen Sie sich in der **Kulturinformation** (Centrum Informacji Kulturalnej, ul. św. Jana 2, Karte 2, D 4, www.infokrakow.pl) mit aktuellen Tipps versorgen. Dort werden auch Tickets zu wichtigen Events verkauft.

Theater
Das polnische Theater fasziniert, weil es so stark von Gestik und Mimik lebt. Theater live erleben Sie von früh bis spät auf dem Marktplatz, Performances in den mittelalterlichen Kellergewölben. Wem das nicht genügt, der besucht die klassischen Aufführungsorte.
Ein Kultort dramatischer Kunst ist das **Stary Teatr** (☼ Karte 2, D 4, www. stary-teatr.pl), wo zeitgenössische Stücke und moderne Fassungen klassischer Werke zu sehen sind.
Eine prunkvolle Spielstätte, auch für Ballett und konzertante Aufführungen, ist das **Słowacki-Theater** (☼ Karte 2, E 4, www.slowacki.krakow.

pl). Durch ein prachtvolles Foyer mit Stuck und Kristall gelangt man in den Aufführungssaal, wo sich dreistöckige Logen um einen ovalen, von einer goldverzierten Kuppel überwölbten Raum schmiegen. Für Avantgardisten gibt es weitere Bühnen – viele gute Schauspieler zieht es nach Krakau!

Konzerte
Besonders stimmungsvoll sind die Musikabende im Königsschloss und in den Patrizierhäusern, in der Marien- und Franziskanerkirche.
Wollen Sie ein klassisches Konzert besuchen, so gehen Sie in die Staatliche Philharmonie, die **Filharmonia im. K. Szymanowskiego** (☼ Karte 2, C 5/6, www.filharmonia.krakow. pl). Das Orchester blickt auf berühmte Dirigenten wie Kubelik und Kondrashin, Neumann und Penderecki zurück, ihr Repertoire umfasst alle Stile und Epochen.

Oper
Oper und Tanz werden in der **Opera Krakowska** (☼ H 3, www.opera. krakow.pl) inszeniert. Die Spielstätte ist für Krakauer Verhältnisse ungewöhnlich modern, farbenfroh und doch klar in der Form, entworfen vom polnischen Stararchitekten Romuald Loegler.

hier viele Studenten zu sehen. Sehr günstige Preise für Cuba Libre und Mojitos!
ul. Jagiellonska 10, Facebook: TeatroCubano, tgl. 15–4 Uhr

Buntes Programm
Pod Jaszczurami ☼ Karte 2, D 5
Im Studentenklub ›Unter den Eidechsen‹ kommen viele Besucher nur kurz auf ein Glas Bier vorbei (günstig!). Andere bleiben bis zum frühen Morgen, denn hier kann man jeden Abend etwas erleben und so mancher Musiker begann hier seine Karriere. Noch heute gibt es min-

destens ein fetziges Konzert pro Woche (mal Rock, mal Jazz), leider immer häufiger auch Karaoke. Auf der Videoleinwand zeigt man Autorenkino im Stile von David Lynch und Pedro Almodovar; aufgrund enger Verbindung mit der Zeitschrift »Polityka« finden politische Vorträge und Debatten statt. Der Klub ist für alle offen – nur wenn er überfüllt ist, haben junge Leute mit Studentenausweis Vortritt. Am Wochenende verwandelt sich die Bühne in eine Tanzfläche.
Rynek Głowny 8, T 12 292 22 02, www.pod jaszczurami.pl, tgl. 10–1 Uhr

Hin & weg

Vom Flughafen in die Stadt

Der Flughafen liegt 17 km westlich der Stadt. In der Ankunftshalle können Sie sich touristisch beraten lassen und (zu einem schlechten Kurs) Geld wechseln. Alle 30 Minuten fährt ein Zug von 4 bis 24 Uhr zum Hauptbahnhof. Busse fahren noch häufiger: von 5 bis 23 Uhr alle 20 Minuten Bus 208 und 292, danach stündlich mit Nachtbus 902 zum Busbahnhof Dworzec Główny Wschod, der mit dem Hauptbahnhof durch einen unterirdischen Tunnel verbunden ist. Die Tickets bekommt man am Fahrkartenautomaten, bitte halten Sie Kleingeld bereit! Infos: www.krakowairport.pl/en. Krakow Airport Taxi (T 12 258 0 258) fährt für ca. 20 € in die Krakauer Innenstadt, sonntags kommt ein Aufschlag hinzu. Günstig ist auch der übers Internet buchbare Krakow Shuttle ›door to door‹: http://krakowshuttle.com. Der Preis wird per Mail festgelegt, ein englischsprachiger Fahrer erwartet Sie in der Ankunftshalle.

Vom Bahnhof in die Stadt

Von den Gleisen des Krakauer Bahnhofs, der sich unterhalb des historischen Bahnhofs befindet, gelangt man über Tunnel (Richtung Dworzec Główny Zachod, Stare Miasto oder ul. Pawia) ins Einkaufszentrum Galeria Krakowska. Vorbei am Hotel Andels geht es zur zentralen Straßenkreuzung (Pawia-Lubicz-Westerplatte-Basztowa), Straßenbahnen fahren vom Bahnhof in alle Himmelsrichtungen. Durch eine Unterführung kommt man in den Grüngürtel (Planty), der die Altstadt umschließt, und erreicht nach 10 Min. den Hauptmarkt (Rynek).

Hier finden Sie nur eine kleine Auswahl – weitere Events sind abrufbar unter: http://krakowfestival.com.

Misteria Paschalia: In der Osterwoche findet das Klassikfestival statt – mit Konzerten in Kirchen und im Salzbergwerk (www.misteriapaschalia.com).

Juwenalia: Mai. Nachdem der Bürgermeister den Studenten in einem symbolischen Akt die Schlüssel der Stadt übergeben hat, dürfen sie drei Tage lang tun und lassen, was sie wollen. Es finden improvisierte Feste und Konzerte statt, in den Kneipen wird die Nacht zum Tag …

Krakauer Filmfestival: Ende Mai. Auch viele Kurzfilme sind dabei – sie leben von Bildinhalten, vom überraschenden Schnitt und der Pointe – man muss also nicht unbedingt Polnisch sprechen können, um sie zu verstehen (www.cracowfilmfestival.pl).

Lajkonik-Umzug: Juni. Eine Woche nach Fronleichnam erinnert das Schauspiel des »Mongolenschrecks« an den geglückten Versuch eines Fischers, die feindlichen Truppen zu täuschen.

Wianki: um den 23. Juni. In der Johannisnacht, auf Weisung der Stadt vielleicht auch kurz davor oder danach, versammeln sich junge Frauen am Fuße des Wawel. Sie flechten Blumenkränze (wianki) und lassen sie unter dem Schein lodernder Fackeln ins Wasser der Weichsel gleiten. Sie erinnern damit an die heidnische Prinzessin Wanda, die in die Fluten stieg, weil sie lieber sterben als mit einem ungeliebten Mann zusammenleben wollte. Tausende von Menschen wohnen dem Akt bei, anschließend prämiert man den schönsten Blumenkranz und feiert ein Theaterspektakel mit Feuerwerk (www.wianki.eu).

Festival der Jüdischen Kultur: Juni/Juli. Beim neuntägigen Festiwal Kultury Żydowskiej verwandelt sich das alte Viertel von Kazimierz in eine Open-Air-Bühne. Es wird mehr als eine Woche gesungen, getanzt und koscher gekocht. Das Festival möchte die Erinnerung an die Welt der Ostjuden wachhalten, die in Krakau viele Spuren hinterlassen haben. Dazu werden prominente Künstler aus Israel, den USA und anderen Ländern der jüdischen Diaspora eingeladen. Beim großen Abschiedsfest auf der Szeroka schwingt das Publikum das Tanzbein und begeistert sich an wilder Klezmermusik (www.jewishfestival.pl).

Sommer-Jazzfestival: Juli. Beim Letni Festiwal Jazzowy finden Top-Konzerte mit internationalen Stars im Klub Pod Baranami, oft auch auf dem Rynek statt (www.cracjazz.com).

Internationales Festival der Straßentheater: Juli. Vier Tage gehört der Marktplatz den Feuerschluckern, Pantomimen und Stelzenläufern. Dazu gesellen sich avantgardistische Theaterensembles (www.teatrkto.pl).

Musik im Alten Krakau: August. Mitglieder der Capella Cracoviensis spielen auf authentischen Instrumenten in Kirchen und auf öffentlichen Plätzen, auch auswärtige Ensembles werden eingeladen (http://capellacracoviensis.pl).

Sacrum Profanum: September. Weltstars kommen nach Krakau und präsentieren Vokal- und Instrumentalmusik in der Philharmonie, in Kirchen und Stahlwerken. Stars der letzten Jahre waren u. a. Laurie Anderson, Philip Glass und Kraftwerk (www.sacrumprofanum.pl).

Jazz zu Allerseelen: Ende Okt./Anfang Nov. Zaduszki Jazzowe, das älteste Jazzfestival Osteuropas, findet in Kirchen, Bars und Cafés, aber auch auf dem Rynek und im Salzbergwerk statt (www.krakowskiezaduszkijazzowe.dt.pl).

GELD

Geld tauscht man in der Bank oder im Kantor, der Wechselstube. Doch seien Sie bitte vorsichtig, auf den Werbetafeln einiger Wechselstuben wird getrickst. Erfragen Sie vor dem Tausch den genauen Kurs! Die Marge zwischen Ankaufs- und Verkaufskurs *(kupno bzw. sprzedaż)* sollte weniger als 2 % betragen, z. B. kupno *(we buy)* 1 € = 4,18 zł, sprzedaż *(we sell)* 1 € = 4,24 zł.

Tipp für Abhebungen an Geldautomaten mit deutschen Kredit-/Bankkarten: Meiden Sie die Direktumrechnung zum »garantierten Wechselkurs« in EUR, sondern lassen Sie den abgehobenen Betrag in der Landeswährung vom eigenen Konto abbuchen – die eigene Bank legt dann den offiziellen Devisenkurs zugrunde.

INFORMATIONEN

Touristeninformation: Wyspiański Pavilion, plac Wszystkich Świętych 2 (🗺 Karte 2, D 5/6), T 12 616 18 86, www.infokrakow.pl.

Kulturinfo: ul. św. Jana 2 (🗺 Karte 2, D 4), T 12 421 77 87, www.infokrakow.pl.

Weitere Infostellen: im Park am Słowacki-Theater (ul. Szpitalna 25, 🗺 Karte 2, E 4), in den Tuchhallen auf dem Rynek (D 5), am Fuß des Wawel (ul. Powiśle 11, 🗺 C 7), in der ul. Józefa 7 in Kazimierz (🗺 E/F 8) und am Flughafen.

KRAKAU IM INTERNET

www.krakau.travel: Homepage der Krakauer Stadtregierung, das umfassendste Portal für Krakau-Einsteiger.

www.seekrakow.com: Die beliebtesten Touren in und um Krakau.

www.inyourpocket.com/krakow: In der Onlineversion der gleichnamigen Stadtzeitschrift werden Hotels, Restaurants und Kneipen treffend, oft auch ironisch kommentiert.

www.krakowpost.com: Aktuelle Nachrichten zu Krakau in englischer Sprache und dazu viele weitere Tipps.

KRAKAUER TOURISTENKARTE

Die empfehlenswerte Krakowska Karta Turystyczna, erhältlich in allen Infobüros, gilt für zwei oder drei Tage, kostet 25 bzw. 30 € und berechtigt zur freien Nutzung aller städtischen Verkehrsmittel (MPK) rund um die Uhr, zur Busfahrt zum Flughafen und nach Wieliczka sowie zu freiem Eintritt in mehr als 40 Museen und Sehenswürdigkeiten (www.krakowcard.com). Falls Sie lieber zu Fuß gehen, fragen Sie nach der Touristenkarte ohne MPK!

REISEN MIT HANDICAP

www.turystykadlawszystkich.pl:
Infos zu Touristenbüros und Transportmitteln, Restaurants, Cafés und anderen touristischen Einrichtungen, die Rollstuhlfahrern, Geh- und Sehbehinderten die Planung ihrer Reise erleichtern.

SICHERHEIT UND NOTFÄLLE

Polizei, Feuerwehr, Ambulanz: T 112
Kreditkartensperrung:
T 0049 116 116
Deutsches Generalkonsulat:
T 12 424 30 00,
www.polen.diplo.de
Österreichische Botschaft:
T 22 841 00 81,
www.bmeia.gv.at/oeb-warschau
Schweizer Botschaft:
T 22 628 04 81,
www.eda.admin.ch/warsaw

UMWELTFREUNDLICH UNTERWEGS

Besser nicht mit dem Auto
Eine Fahrt nach Krakau mit dem Auto ist nur sinnvoll, wenn man ein Hotel außerhalb des Zentrums gebucht hat und es dort sicher für die Dauer des Aufenthalts abstellen kann. Die Altstadt von Krakau ist verkehrsberuhigt und in Zonen unterteilt (aktueller Stand: https://mi.krakow.pl/strefa-platnego-parkowania/mapa-strefys). Das Gebiet rund um den Marktplatz bleibt für Fußgänger reserviert, Taxifahrer und Anwohner mit Lizenz haben Zugang zu einigen Gassen zwischen dem Grüngürtel Planty und dem Rynek. Jenseits der Grünanlagen ist das Fahren erlaubt. Wer dort parken will, muss freilich zahlen

(ca. 1 € pro Stunde); Tickets gibt es beim Parkwächter, im Kiosk oder am Automaten. Die öffentlichen Parkplätze sind online abrufbar unter http://mi.krakow.pl/en/car-parks-krakow.

Busse und Straßenbahnen
Den Bus werden Sie wohl bestenfalls (als Alternative zum Zug) für die Fahrt zwischen Bahnhof und Flughafen nutzen, die Straßenbahn brauchen Sie zum Umfahren der Altstadt, für die Fahrt nach Kazimierz, Podgórze oder Nowa Huta. Straßenbahnen haben ein- oder zweistellige, Busse dreistellige Nummern; tagsüber verkehren Busse und Straßenbahnen von 5 bis 23 Uhr, nachts seltener. An Kiosken und Automaten mit der Aufschrift MPK können Sie Einzeltickets *(bilet jednorazowy)* sowie günstige Netzkarten mit einer Gültigkeitsdauer von ein bis drei Tagen oder einer Woche kaufen. In den Ticketautomaten an den Haltestellen kann mit Geldscheinen, im Fahrzeug dagegen nur mit Münzen bezahlt werden. Das Preissystem ist gestaffelt, mit einem 20-Minuten-Ticket kommt man von der Altstadt z. B. nach Kazimierz, mit dem 40-Minuten-Ticket bis Nowa Huta. Fahrkarten sind nach dem Einsteigen sofort zu entwerten. Bei der Touristenkarte (▶ S. 111) sind Bus und Straßenbahn inklusive, Senioren ab 70 dürfen die öffentlichen Verkehrsmittel umsonst benutzen.
Infos im Internet: http://rozklady.mpk.krakow.pl: Fahrpläne der einzelnen Linien; http://kmkrakow.pl/bilety/ceny-biletow.html: Tickets und aktuelle Preise.

Taxis
Die preiswerten Funktaxis erkennt man daran, dass die Tür mit einer Zahl beschriftet ist und ein Aufkleber am hinteren Seitenfenster den Höchstpreis pro Kilometer anzeigt. Bestellt man Taxis telefonisch, zahlt man dafür keine zusätzliche Gebühr. Achten Sie darauf, dass der Fahrpreisanzeiger eingeschaltet ist. Vorsicht am Flughafen und am Bahnhof, wo einige schwarze Schafe das Taxigewerbe mit überzogenen Preisforderungen in Verruf gebracht haben!

Folgende Unternehmen arbeiteten bisher korrekt:
Radio Taxi: T 12 191 91
Euro Taxi: T 12 196 64
Barbakan: T 12 196 61
Mega Taxi: T 12 196 25

Radfahren

Beliebte Radtouren führen an der Weichsel entlang, besonders schön ist die Tour zum Benediktinerkloster von Tyniec. Auf halber Strecke kann man in den Wolski-Wald abbiegen, das Kamaldulenserkloster und den Zoologischen Garten besuchen. Gut gewartet sind die Räder in der Verleihstelle Dwa Kola in Kazimierz: ul. Józefa 5, T 12 421 57 85, www.dwakola.internetdsl.pl, Straßenbahn: plac Wolnica. Für ein Rad zahlt man 12–14 € pro Tag, die Kaution beläuft sich auf ca. 50 €.

TOUREN DURCH KRAKAU

Geführte Touren

Unter den vielen geführten Touren der Touristeninfo sticht die Free Walking Tour hervor, ein gut zweistündiger Rundgang mit Erläuterungen in englischer Sprache (Startpunkt Marienkirche). Für ein Trinkgeld am Ende sind die Führer gewiss dankbar. Meist um 10 und 14 Uhr starten die Touren durch die Altstadt, um 10.30 und 13.30 Uhr durchs Jüdische Krakau. Prüfen Sie bitte den Treffpunkt und die Zeiten telefonisch (T 513 87 58 14) oder auf der Website www.freewalkingtour.com – vielleicht sind inzwischen sogar weitere Touren im Angebot!

Kutschfahrten

30-minütige und einstündige Kutschfahrten starten an der Nordseite des Rynek und kosten 40 bzw. 60 €. Was Sie auf dieser Tour sehen, bleibt leider ohne Erläuterung.

Touristenbusse

Auch in Krakau bietet man City Sightseeing im »Roten Bus« an, mit dem man beliebig oft ein- und aussteigen

kann: WOW KRAKOW, 9.30–18.30 Uhr, alle 30–45 Min. ab jeder der elf Haltestellen, http://wowkrakow.pl, Ticketpreis 24 Std. 15 €, Kinder 10 €.

Schiffstouren

In den Monaten Mai–Sept. sind die Barkassen der Wasserstraßenbahn *(Tramwaj wodny)* in Betrieb. Sie starten unterhalb des Hotels Sheraton am Czerwieński-Boulevard und fahren westwärts zum Benediktinerkloster Tyniec (Fahrtdauer: 1,5 Std.), ostwärts zur Galeria Kazimierz (Fahrtdauer: 25 Min.). Info: www.zis.krakow.pl/krakowski-tramwaj-wodny.
Weichselrundfahrten mit der »Legenda« sind immer abhängig von Witterung und Passagieraufkommen. Info: www.statek-krakow.pl.

Parken in der ul. Krupnicza

Register

Register

Das Klima im Blick

Reisen bereichert und verbindet Menschen und Kulturen. Wer reist, erzeugt auch CO_2. Der Flugverkehr trägt mit bis zu 10 % zur globalen Erwärmung bei. Wer das Klima schützen will, sollte sich – wenn möglich – für eine schonendere Reiseform entscheiden oder die Projekte von atmosfair unterstützen. Flugpassagiere spenden einen kilometerabhängigen Beitrag für die von ihnen verursachten Emissionen und finanzieren damit Projekte in Entwicklungsländern, die dort den Ausstoß von Klimagasen verringern helfen (www.atmosfair.de). Auch die Mitarbeiter des DuMont Reiseverlags fliegen mit atmosfair!

Abbildungsnachweis

Fotolia, New York (USA): S. 39 (Cudak); 55 o. (ekaterina729); 80 (michelangeloop); 35 o. (pilat666); 12/13 (rh2010); 52 o. (Rochu_2008); 54 (VRD)

Getty Images, München: S. 8/9 (Dimitrov); 25, 30, 108 (Dydynski); 33 (Lee/EyeEm); 120/5 (Skarzynski)

Glow Images, München: S. 47

Huber-Images, Garmisch-Partenkirchen: Titelbild, Faltplan, S. 22 (Cozzi)

iStock.com, Calgary (Kanada): Umschlagklappe hinten, S. 20/21 (Dimitrov); 120/1 (ffolas); 76 (JDE); 56 (Nowak); 75 (PocholoCalapre)

laif, Köln: S. 46 (Cochard-Gaillarde); 36 (Gerber); 120/6 (Giagnori/Archivolatino); 60 (Goedan); 90 (Hirsch); 5 o., 7, 27, 38, 59, 64, 78/79, 86 (Hirth); 72/73 (Kober/robertharding); 120/4 (Sadia/Gamma-Rapho); 88 (Sudres/hemis.fr); 120/8 (Wakayama/Allpix); 42 (Westrich)

Look, München: S. 4 u., 24 u. (age fotostock)

Mauritius Images, Mittenwald: S. 44 (Alon/Alamy); 69 (Champelovier/Alamy); 104 (croftsphoto/Alamy); 51 (dinosmichail/Alamy); 65 (Eye Ubiquitous/Alamy); 87 (Gora/Alamy); 61 (Israel images/Alamy); 52 u. (Kaiser); 84 (Pegaz/Alamy); 26, 28 (Ritterbach/Alamy); 91 (Sharp/Alamy); 85 (Szpil/Alamy); 120/3 (United Archives); 120/2 (Warburton-Lee/Garrod)

picture-alliance, Frankfurt a. M.: S. 120/9 (Palomo)

Schapowalow, Hamburg: S. 70 (Cozzi)

Dieter Schulze, Lohmar: 4 o., 14/15, 16/17, 24 o., 40, 45, 48, 55 u, 58, 62, 67, 68, 83, 93, 94, 97, 98, 99, 101, 102, 106, 113

Wikimedia Commons: 35 u. (CC-PD), 120/7 (CC-PD)

Zeichnung S. 5: Antonia Selzer, Lörrach

Zeichnungen Umschlagklappe vorn, S.2, 11, 27, 31, 34, 61, 67, 76: Gerald Konopik, Fürstenfeldbruck

Zitate: S. 73 von Alfred Döblin, aus: Reise in Polen © S. Fischer, Berlin 1926. Alle Rechte vorbehalten S. Fischer Verlag GmbH, Frankfurt am Main Umschlagklappe hinten: aus Rolf Schneider, Die Reise nach Jarosław, Rostock 1973, mit freundlicher Genehmigung des Autors

Kartografie: DuMont Reisekartografie, Fürstenfeldbruck
© DuMont Reiseverlag, Ostfildern

Umschlagfotos

Titelbild: Der Rynek mit den Tuchhallen und dem gotischen Rathausturm
Umschlagklappe hinten: Blick über den Rynek mit Adalbert- und Marienkirche

Hinweis: Autor und Verlag haben alle Informationen mit größtmöglicher Sorgfalt geprüft. Gleichwohl sind Fehler nicht vollständig auszuschließen. Alle Angaben erfolgen ohne Gewähr. Bitte schreiben Sie uns! Über Ihre Rückmeldung zum Buch und Verbesserungsvorschläge freuen sich Autor und Verlag:
DuMont Reiseverlag, Postfach 3151, 73751 Ostfildern,
info@dumontreise.de, www.dumontreise.de

FSC
www.fsc.org
MIX
Papier aus verantwortungsvollen Quellen
FSC® C124385

2., aktualisierte Auflage 2019
© DuMont Reiseverlag, Ostfildern
Alle Rechte vorbehalten
Autor: Dieter Schulze
Redaktion/Lektorat: Heike Pasucha, Ulrike von Düring
Bildredaktion: Stefan L. Scholtz
Grafisches Konzept: Eggers ı Diaper, Potsdam
Printed in China

Kennen Sie die?

Krakauer

Jedem Metzger ist sie ein Begriff, in Polen nennt man sie Krakowska. Nur schade, dass es die Krakauer versäumten, ihre Wurstmarke rechtlich schützen zu lassen. Darum bekommt man in Deutschland leider keine ›echte‹ Krakauer!

Krakowiak

Klingt ganz ähnlich wie Krakowska, ist gleichfalls auf Deutsch ein ›Krakauer‹, doch nach seinen Noten wird getanzt.

Nigel Kennedy

Er verliebte sich in eine Polin und zog mit ihr in die Krakauer ul. Floriańska.

David Krakauer

Sie kennen vielleicht den Bergsteiger Jon Krakauer und den marxistischen Soziologen Siegfried Kracauer – aber kennen Sie auch David Krakauer? Der bekannte Klezmermusiker kommt gern zum jüdischen Kulturfestival nach Krakau.

Wisława Szymborska

Ein bekannter Spruch der Nobelpreisträgerin für Literatur: »La Pologne? La Pologne? Schrecklich kalt dort, nicht wahr?«

Karol Wojtyła

Jeder kennt ihn und (fast) alle Krakauer lieben ihn – er bleibt für immer ›ihr‹ Papst.

Nikolaus Kopernikus

Das Aushängeschild der Krakauer Universität – hier hat er studiert.

Andrzej Wajda

Der Filmregisseur ist nun nicht mehr auf der Suche nach dem Diamanten, der aus der Asche steigt.

Kroke

Ein Trio, das die traditionellen Klezmerrhythmen sprengt und auch schon mit Nigel Kennedy aufgetreten ist.